河南省哲学社会科学规划项目（项目编号：2023BJJ029）

倪静洁◎著

内部控制重大缺陷披露与企业创新投入

Internal Control Material Weaknesses Disclosure and Enterprise Innovation Investment

中国财经出版传媒集团

经济科学出版社
Economic Science Press

图书在版编目（CIP）数据

内部控制重大缺陷披露与企业创新投入／倪静洁著
. −−北京：经济科学出版社，2023.8
ISBN 978 −7 −5218 −5087 −1

Ⅰ.①内…　Ⅱ.①倪…　Ⅲ.①企业内部管理 −研究
Ⅳ.①F272.3

中国国家版本馆 CIP 数据核字（2023）第 163867 号

责任编辑：杜　鹏　常家凤　张立莉
责任校对：杨　海
责任印制：邱　天

内部控制重大缺陷披露与企业创新投入
NEIBU KONGZHI ZHONGDA QUEXIAN PILU YU QIYE CHUANGXIN TOURU
倪静洁◎著
经济科学出版社出版、发行　新华书店经销
社址：北京市海淀区阜成路甲 28 号　邮编：100142
编辑部电话：010-88191441　发行部电话：010-88191522
网址：www. esp. com. cn
电子邮箱：esp_bj@ 163. com
天猫网店：经济科学出版社旗舰店
网址：http：//jjkxcbs. tmall. com
固安华明印业有限公司印装
710×1000　16 开　11.75 印张　200000 字
2023 年 8 月第 1 版　2023 年 8 月第 1 次印刷
ISBN 978 −7 −5218 −5087 −1　定价：98.00 元
（图书出现印装问题，本社负责调换。电话：010 −88191545）
（版权所有　侵权必究　打击盗版　举报热线：010 −88191661
QQ：2242791300　营销中心电话：010 −88191537
电子邮箱：dbts@ esp. com. cn）

序

　　创新是中国经济实现高质量发展的关键动力。企业作为技术创新的主体，其创新热情和投入水平的高低决定着国家整体创新能力的强弱，但创新投资的高风险特征决定了其相关内部控制的重要性。内部控制是合理保证企业目标实现及全员参与的风险控制过程。因此，如何建设和有效运行内部控制以促进企业创新，成为学者们研究的热点问题。但已有研究大多以披露的内部控制建设和运行信息为基础，通过构建内部控制有效性指数，研究内部控制有效性与企业创新投入的关系。由于这些做法都有明显的局限性，因而得出的结论莫衷一是。针对这一问题，倪静洁博士以是否存在重大缺陷这一国际上衡量内部控制有效性的通行标准，研究内部控制有效性对企业创新投入的影响及其路径机理，并进一步考察管理层动机选择行为和外部信息环境对上述关系的调节作用，形成了水平较高的学位论文，得到了外审专家的一致好评。本书是倪静洁博士在其博士学位论文的基础上修改完善形成的。

　　本书契合当前我国经济高质量发展的需要，在充分进行文献综述、分析比较现有内部控制有效性测度做法优缺点的基础上，从国际通行的比较客观准确的"缺陷有效观"出发，首先，研究内部控制重大缺陷披露对企业创新投入的影响及其路径机理，得出了更加可靠的有关内部控制有效性与企业创新投入关系的结论；其次，深入考察管理层内部控制重大缺陷披露动机选择行为对基础关系的影响机制，深化了内部控制有效性影响企业创新投入的内在形成机理认识，为优化内部控制重大缺陷披露行为、推动内部控制质量提高、促进企业创新投入增长提供了有益启示；最后，重点考察分析师关注、媒体关注与机构投资者持股等外部信息环境对基础关系的调节作用，揭示了影响内部控制有效性与企业创新投入关系的主要外部信息环境因素，为企业根据外部信息环境优化内部控制，投资者根据外部信息环境判断企业内部控制有效性与企业创新投入的关系，提供了客观证据。总之，本书选题新颖、有价值，研究内容充分，研究设计严密，研究方法得当，研究结论可靠。

本书适用于高校会计专业教师和研究生、企业内部控制与风险管理工作人员、上市公司监管部门及其工作人员以及积极参与上市公司治理的社会公众等阅读和参考，对于上述人士学习企业内部控制知识，提高内部控制信息披露与监管水平，增强上市公司内部控制缺陷披露识别能力以提高投资效率，完善上市公司内外部信息环境，推动企业创新发展，具有较高的参考价值。

倪静洁博士自 2017 年考取我的博士生后，在职攻读博士学位，很好地处理了家务、教学、学习和科研的关系，克服了许多学习和研究中的困难，用四年时间顺利完成博士学习和研究任务，顺利毕业，可喜可贺！作为她的博士生导师，我很高兴为她的博士论文出版作序，并借此向她表示热烈祝贺！希望并相信她能再接再厉，在今后的教研工作中有更多、更大的进步与收获。

吴秋生

2023 年 6 月

前　言

　　创新是中国经济实现高质量发展的关键动力。企业作为技术创新的主体，其创新热情和投入水平的高低决定着国家整体创新能力的强弱，但创新投资的高风险特征抑制了企业的创新意愿并制约着其创新能力的提升。因此，如何提高企业创新风险控制能力，不仅关乎企业创新的热情和创新投入的积极性，而且关乎企业创新的效果和效率。内部控制是合理保证企业目标实现、全员参与的风险控制过程。因此，建立健全和有效运行内部控制，对于高效管控企业创新风险，促进和保障企业创新，有着十分重要的意义。如何建设和运行内部控制以促进企业创新，已成为学者们研究的热点问题。但已有研究大多以披露的内部控制建设和运行信息为基础，通过计算内部控制有效性综合指数或内部控制组成要素有效性指标，研究内部控制有效性与企业创新投入的关系。由于这些做法都有明显的局限性，因而得出的结论莫衷一是。是否存在重大缺陷是国际上衡量内部控制有效性的通行标准。由于披露内部控制重大缺陷的企业必然存在该类型缺陷，说明其内部控制无效；没有披露内部控制重大缺陷的企业，有的可能隐瞒了重大缺陷，更多的可能是确实不存在重大缺陷。因此，就内部控制信息披露总体情况而言，披露内部控制重大缺陷可以客观地表征企业内部控制处于无效状态，即是否披露内部控制重大缺陷可以客观表征内部控制是否有效，而且从内部控制重大缺陷视角研究内部控制有效性对企业创新投入的影响，对于优化企业内部控制信息披露行为，促进企业提高内部控制有效性，更具有针对性和有效性。那么，内部控制重大缺陷披露如何影响企业创新投入？尚未有文献专门对该问题进行全面深入的研究。毫无疑问，内部控制重大缺陷披露是直接受制于企业管理层的动机选择行为。那么，管理层的动机选择行为如何影响内部控制重大缺陷披露与企业创新投入的关系？为了使研究结论更切合实际环境，更具有实践指导意义，就需要研究不同外部信息环境对内部控制重大缺陷披露与企业创新投入关系的影响究竟是什么？

为回答上述问题，本书选取 2012～2019 年中国沪深 A 股上市公司作为研究样本，基于信息不对称理论、委托代理理论和信号理论，首先，理论分析内部控制重大缺陷披露对企业创新投入的总体影响，并运用多期双重差分模型（difference-in-differences，DID）等对两者关系进行实证检验，进一步利用系数乘积法验证其中介路径；其次，结合风险认知理论、内部控制免疫系统论，分析管理层内部控制重大缺陷披露动机选择行为对内部控制重大缺陷披露与企业创新投入关系的调节作用，并运用调节效应检验方法进行验证；最后，考虑到内外部信息环境的互动作用，在前述理论基础之中嵌入分析师关注的信息解读作用与压力施加作用、媒体关注的信息传播效应与市场压力效应、机构投资者持股的受托人利益保护和自我利益保护、分析外部信息环境对内部控制重大缺陷披露与企业创新投入关系的调节作用，并运用调节效应检验方法进行验证。

上述研究发现：首先，相比未披露内部控制重大缺陷的企业，披露内部控制重大缺陷的企业在披露该信息后创新投入水平显著下降，即无效的内部控制会显著抑制企业创新投入，代理成本、风险承担和融资约束在其中发挥着中介作用。其次，内部控制重大缺陷披露对企业创新投入的不利影响仅存在于非主动披露该信息的企业中；内部控制重大缺陷相关的整改信息披露越充分，内部控制重大缺陷披露对企业创新投入的不利影响越小；内部控制重大缺陷披露及时性不会显著影响该信息披露与企业创新投入的关系。最后，内部控制重大缺陷披露对企业创新投入的不利影响随着分析师关注程度的提高而加大；媒体关注和机构投资者持股整体上不会显著影响内部控制重大缺陷披露与企业创新投入的关系，进一步区分媒体导向和机构投资者类型发现，市场导向媒体关注程度和独立机构投资者持股比例越高，内部控制重大缺陷披露对企业创新投入的不利影响越大。

本书的主要理论创新在于：首先，从更客观的内部控制重大缺陷信息披露这一新的观察内部控制有效性的视角，揭示内部控制有效性对企业创新投入的影响及其路径机理，不仅有助于更可靠地认识内部控制有效性与企业创新投入的关系，克服已有内部控制有效性测度方法不科学造成的研究结论纷争，而且丰富了企业创新投入影响因素的研究文献；其次，在内部控制信息强制性披露背景下，深入考察内部控制重大缺陷披露主动性、整改信息披露以及披露及时性等管理层的动机选择行为对内部控制重大缺陷披露与企业创新投入关系的影响机制，深化了内部控制有效性影响企业创新投入的内在形成机理认识，丰富了管理层内部控制重大缺陷披露动机选择行为后果影响的研究文献；最后，考察分析师关注、媒体关注和机构投资者持股等主要外部信息环境因素对内部控制重大缺陷披露与企业创新投入关系的影响机制，揭示了内部控制有效性影响企业创新投入的主要外部信息环境因素的影响机理，丰富了分析师关注、媒体关注和机构投资者持股后果影响的研究文献。

　　本书的主要实践意义在于：首先，从促进企业创新发展来看，本书的研究结论可以为企业治理层和管理层在加强内部控制建设的同时积极提高内部控制重大缺陷披露的主动性、及时性和整改有效性，优化内部控制重大缺陷披露行为，缓解、消除和扭转内部控制重大缺陷及其披露对企业创新投入的不利影响，提供理论依据；其次，从优化政府监管来看，本书的研究结论可以为政府监管部门完善内部控制信息披露法规，促进公司治理和内部控制机制优化，推动内外部信息环境协调发展，促进企业主动、及时披露内部控制重大缺陷，认真进行内部控制重大缺陷整改，提供经验证据；最后，从提高投资者决策效率来看，本书的研究结论可以为投资者根据管理层内部控制重大缺陷披露动机选择行为和外部信息环境因素，准确判断内部控制重大缺陷披露对企业创新投入的影响，理性作出投资决策，提供有益启示。

倪静洁

2023 年 6 月

目　录

第1章 绪 论

1.1 研究背景和意义

1.1.1 研究背景

创新是一国经济增长的动力源泉（Solow，1957），是企业打造并保持核心竞争优势、实现竞争战略的决定性因素（Porter，1980），技术创新更是中国经济实现高质量发展的关键动力（金碚，2018）。从"创新驱动发展战略"到"创新是引领发展的第一动力"，从将创新作为新时代发展理念的首要之义到提出要"更多依靠科技创新"加快形成以国内大循环为主体、国内国际双循环相互促进的新发展格局，中国政府始终将创新尤其是科学技术创新作为推动经济社会发展的重要引擎，将创新摆在国家现代化建设全局中的核心地位，并出台大量优惠政策鼓励各类主体创新发展。世界知识产权组织（World Intellectual Property Organization，WIPO）发布的《2020 年全球创新指数报告》显示，2020 年，中国位居全球创新产出次级指数排行榜第 6 位和创新指数排行榜第 14 位，是排名前 30 位中唯一的中等收入经济体；但比较历年全球创新指数报告中公布的世界主要经济体创新效率、产出及投入排名情况可以发现（见图 1 - 1），2013 ~ 2020 年中国创新效率排名在世界各主要经济体中名列前茅，创新产出排名相对领先，而创新投入排名明显落后。因此，尽管中国创新能力和科技水平已有了明显提高，并基本确立了创新领先者的地位，但创新投入不足依然是制约中国创新发展和经济增长的重要原因。

企业作为技术创新的主体，其创新热情和投入水平的高低决定着国家整体创新能力的强弱（陈清泰，2006），但是，创新活动具有周期长、风

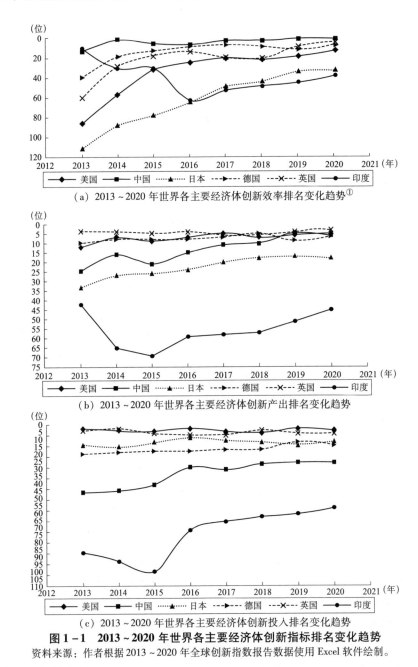

（a）2013～2020年世界各主要经济体创新效率排名变化趋势①

（b）2013～2020年世界各主要经济体创新产出排名变化趋势

（c）2013～2020年世界各主要经济体创新投入排名变化趋势

图 1-1　2013~2020 年世界各主要经济体创新指标排名变化趋势

资料来源：作者根据 2013～2020 年全球创新指数报告数据使用 Excel 软件绘制。

---

　　① 创新效率是创新产出次级指数得分与创新投入次级指数得分之比，它表明某一国家（经济体）的创新投入所获得的创新产出。《2019 年全球创新指数报告》《2020 年全球创新指数报告》中未公布创新效率指标，图中排名由作者使用 Excel 软件计算获得。

险大的特点，稍有不慎，就可能决策失误，血本无归（倪静洁和吴秋生，2020），因而企业管理层往往缺乏创新投资热情，且创新投资的资产专用性、弱排他性和高度不确定性等特征使得企业在创新活动中面临着较高的融资约束（倪静洁和吴秋生，2020），即使企业意欲通过创新获取竞争优势，也常常无法获取充足的资源以维持或加大创新投资，创新能力难以得到有效提升。因此，如何管控创新风险、有效提高企业创新投入水平，不仅关乎企业竞争战略的成败，更是国家推动内涵型经济增长、建设"双循环"新发展格局和实现高质量发展过程中亟待解决的问题。内部控制是合理保证企业实现可持续发展、全员参与的风险控制过程，可以通过科学的风险管控为创新活动保驾护航。2004 年 9 月，美国反舞弊财务报告委员会下属的发起组织委员会（以下简称"COSO 委员会"）发布的《企业风险管理——整合框架》强调，企业实施内部控制的首要任务在于实现战略目标；2008 年 5 月，中国财政部、证监会、审计署、银监会和保监会（以下简称"五部委"）制定的《企业内部控制基本规范》（以下简称《基本规范》）中同样指出，"内部控制的目标是合理保证企业经营管理合法合规、资产安全、财务报告及相关信息真实完整，提高经营效率和效果，促进企业实现发展战略"；2010 年 4 月，为推动企业有效控制研发风险，通过自主创新提高核心竞争力，以实现发展战略，五部委制定了《企业内部控制应用指引第 10 号——研究与开发》。由此可见，从内部控制制度的设计初衷来看，有效的内部控制应有助于降低企业创新活动中的风险，有利于企业创新活动的开展并推动企业实现竞争战略。而现实情况究竟如何？是否得偿所愿？现有研究大多从内部控制制度建设、内部控制目标实现和内部控制五要素等方面衡量内部控制质量，考察内部控制对企业创新投入的影响，但尚未得出一致结论。

　　本书认为，以往关于内部控制与企业创新投入关系的研究结论不一致的原因可能在于内部控制质量测度方法的不完善。以内部控制有效程度衡量内部控制质量的方法（以下简称"程度有效观"）而言，现有研究多以内部控制制度改革、厦门大学内部控制课题组构建的内部控制指数（以下简称"厦大指数"）和中国上市公司内部控制指数课题组构建的内部控制指数（以下简称"DIB 指数"）测度内部控制目标的实现程度。其中以内部控制制度改革为核心变量揭示内部控制对企业创新投入的影响，虽能检验政策效果，但国情、国策及文化背景等"噪声"的干扰导致研究结论的可靠性和指导意义大打折扣（倪静洁和吴秋生，2020）；而厦大指数虽能从整体上测度内部控制制度的健全性，但其指标设计更注重对内部控制要素构建过程的考评，因而忽略了内部控制目标的实现程度，加之该指数的计算易受主观因素的影响，因而其不能全面、客观地衡量内部控制质量（林斌等，2014）；基于内部控制目标实现程度构建的 DIB 指数虽有一定合理性，但内部控制仅仅是企业经营管理的一部分，并非企业实现生存发展目标的充分条件（倪静洁和吴秋生，2020），因而该指数对内部控制质量的计量是有偏的，且其计算依赖企业的资产安全、合法合规、财报质量、运营效率、市场表现等指标，导致以该指数测度内部控制质量研究内部控制经济后果会引发实证结果的"机械相关性"（陈汉文和黄轩昊，2019）。就以内部控制要素测度内部控制质量的方法（以下简称"要素有效观"）而言，这种方法忽略了内部控制是一个整合框架、有机整体的本性，各个要素的有效形式不能单独存在并独立发挥作用（杨道广等，2019），因而这种方法也是不可取的。此外，还有少数文献利用内部控制缺陷数据测度内部控制质量研究其与企业创新投入的关系，但这些文献或未区分缺陷严重程度，因而不能反映内部控制合理保证目标实现的本质特征，或对缺陷严重程度的判定仍依赖于 DIB 指数，因而依然没有摆脱该指数在测度内部控制质量方面的缺憾，导致研究结论的可靠性值得怀疑。是否存在内部控制重大缺陷是国际上衡量内部控制有效性的通行做法（以下简称"缺陷有效观"），该方法基于内部控制设计和运行全过程直接评价企业内部控制有效性，更好地诠释了内部控制是一个整体框架的要求，避免了 DIB 指数过度依赖结果评价内部控制质量的问题，同时也克服了厦大指数和 DIB 指数假定内部控制一定程度有效或部分有效以及"要素有效观"割裂内部控制五要素等不符合内部控制整合框架的缺陷；且相较于以内部控制制度改革和 DIB 指数测度内部控制质量的做法，该方法更有利于指导企业认清内部控制中存在的问题，进而及时改进；最重要的是，相较于"程度有效观"，该方法提高了内部控制有效性的辨识度，遏制了过度追求内部控制有效程度所引发的管理层过度规避风险的问题，这对于企业积极开展高风险的创新活动尤为重要（倪静洁和吴秋生，2020）。由于披露内部控制重大缺陷的企业必然存在该类型缺陷（Ashbaugh-Skaife et al.，2007），说明其内部控制无效；没有披露内部控制重大缺陷的企业，有的可能隐瞒了重大缺陷，更多的可能确实没有重大缺陷，因而这类企业的整体内部控制质量高于披露内部控制重大缺陷的企业（田高良等，2010；张超和刘星，2015）。因此，内部控制重大缺陷披露情况可以更加直接、客观地表征企业内部控制有效性，基于"缺陷有效观"研究内部控制有效性对企业创新投入的影响，能够更有针对性、更加有效地优化管理层内部控制信息披露行为，促进企业提高内部控制质量。那么，内部控制重大缺陷披露如何影响企业创新投入？尚未有文献专门对该问题进行全面深入的研究。

2020 年 10 月，《国务院关于进一步提高上市公司质量的意见》中强调，要通过规范内部控制、提升信息披露质量提高上市公司可持续发展能力，为促进经济高质量发展提供有力支撑。而内部控制重大缺陷披露是企业内部控制与信息披露工作的重要组成部分，因此，规范内部控制重大缺陷披露行为对推动企业创新发展至关重要。然而，尽管五部委发布的《企业内部控制评价指引》（以下简称《评价指引》）及相关信息披露规范对上市公司内部控制重大缺陷提出了强制性披露要求，但由于内部控制重大缺陷披露成本较高，企业管理层往往基于自身利益考虑在披露过程中充分发挥其"自主选择权"。那么，管理层的动机选择行为如何影响内部控制重大缺陷披露与企业创新投入的关系？

信息不对称理论认为，企业内外部信息环境的协调发展有助于提高市场效率（Bushman，2004）。因此，为了使研究结论更切合实际环境，更具有实践指导意义，有必要研究外部信息环境中的重要因素对内部控制重大缺陷披露与企业创新投入关系的影响。企业外部信息环境包含分析师、媒体等信息中介的信息收集、传递与解读行为，以及投资者等信息消费者的信息使用行为（Sami and Zhou，2008）。已有经验证据表明：分析师关注有助于提高内部控制质量（胡川等，2020），但因"压力假说"和"解读机制"，其对企业创新投入的作用可能完全相反（He and Tian，2013；谢震和艾春荣，2014；戴国强和邓文慧，2017）；媒体关注在提高企业内部控制缺陷整改效率（陈泽艺和李常青，2019）的同时，可能诱发管理层短视行为，不利于企业创新投入，但区分媒体报道的内容、来源、严重性和深入程度发现，媒体关注对企业创新投入的作用不能一概而论（杨道广等，2017）。机构投资者持股有助于提升内部控制缺陷披露真实性（张瑶和郭雪萌，2014；陈艳利和乔菲，2015），并能抑制内部控制缺陷的产生（董卉娜和何芹，2016；李越冬和严青，2017），但其对企业创新投资活动的影响已有文献尚未得出一致结论（赵洪江和夏晖，2009；王斌等，

2011；温军和冯根福，2012；肖利平，2016）。那么，在不同的外部信息环境中内部控制重大缺陷披露如何影响企业创新投入？

为回答上述问题，本书拟在研究内部控制重大缺陷披露与企业创新投入关系的基础上，进一步考察管理层内部控制重大缺陷披露动机选择行为和重要外部信息环境因素对内部控制重大缺陷披露与企业创新投入关系的调节作用，为企业提升内部控制重大缺陷披露水平，政府优化内部控制信息披露监管和外部信息环境，投资者准确判断内部控制重大缺陷披露对企业创新投入的影响，理性作出投资决策，进而推动企业创新发展、加快新格局建设和经济高质量发展提供决策证据。

1.1.2 研究意义

1.1.2.1 理论意义

本书基于内部控制重大缺陷披露的信号传递作用，将企业内外部信息环境纳入同一研究框架，分析内部控制重大缺陷披露对企业创新投入的影响，其理论意义在于以下几个方面。

（1）研究内部控制重大缺陷披露对企业创新投入的影响及其路径机理，不仅能够得出更加可靠的有关内部控制有效性对企业创新投入影响的结论，而且能从独特的信息披露视角考察内部控制与企业创新投入的关系，丰富了企业创新投入影响因素的研究文献。

内部控制的目的在于促进企业实现战略目标，而企业创新投入是其获取竞争优势、实现竞争战略的物质基础。但目前学术界关于内部控制与企业创新投入关系的认识尚未统一，本书采用国际通行的判定内部控制有效性的方法，即"缺陷有效观"，揭示了内部控制重大缺陷披露对企业创新投入总体呈负面影响的现状，更客观地反映出有效的内部控制有利于企业提升创新投入水平。由于披露内部控制重大缺陷的企业必然存在该类型缺陷，即内部控制处于无效状态；没有披露内部控制重大缺陷的企业，有的可能隐瞒了重大缺陷，更多的可能确实不存在重大缺陷。因此，披露内部控制重大缺陷可以更客观地表征企业内部控制有效性，从这个视角研究内部控制与企业创新投入的关系可以得出更为可靠的研究结论，并为后续调节机制的分析奠定基础。而且，本书从内部控制重大缺陷这一独特的信息披露视角研究企业创新投入的影响因素，丰富了企业创新投入影响因素研究文献。

（2）深入考察企业管理层内部控制重大缺陷披露动机选择行为对内部控制重大缺陷披露与企业创新投入关系的影响机制，深化了内部控制有效性影响企业创新投入的内在形成机理认识，丰富了管理层动机选择行为后果影响研究文献。

本书在梳理相关文献、剖析内部控制信息强制性披露阶段内部控制重大缺陷披露现状的基础上，寻找管理层内部控制重大缺陷披露动机选择行为的突出表现，并考察其对内部控制重大缺陷披露与企业创新投入关系的影响机制，跳出了以往内部控制缺陷经济后果研究中"存在即披露""不存在即不披露"的逻辑假定，从管理层内部控制重大缺陷披露动机选择视角，揭示内部控制重大缺陷披露对企业创新投入负向影响的内在机制，深化了内部控制有效性影响企业创新投入的内在形成机理认识，为优化企业内部控制重大缺陷披露行为提供了有力的经验证据，同时，丰富了管理层内部控制重大缺陷披露动机选择行为的经济后果研究文献。

（3）考察外部信息环境中分析师关注、媒体关注和机构投资者持股对内部控制重大缺陷披露与企业创新投入关系的影响机制，揭示了内部控制有效性影响企业创新投入的主要外部信息环境因素的影响机理，为投资者等利益相关者根据企业外部信息环境和管理层内部控制重大缺陷披露动机选择行为，准确判断内部控制重大缺陷披露对企业创新投入的影响提供了有力的经验证据，丰富了分析师关注、媒体关注和机构投资者持股后果影响研究文献。

如何缓解资本市场信息不对称、提高市场效率是理论研究经久不衰的话题之一。特别是在企业创新活动中，优化企业内外部信息环境，促使两者协同发展，能够更好地发挥信息的监督效应和融资效应，进而提升企业创新意愿和创新能力。内部控制重大缺陷披露是企业内部信息环境的重要组成部分，将其与外部信息环境中作为信息中介的分析师和媒体以及作为信息消费者的机构投资者纳入同一研究框架，考察内外部信息环境互动对企业创新投入的影响，不仅扩展了内部控制重大缺陷披露与企业创新投入关系的情境机制，为投资者等利益相关者根据企业外部信息环境和管理层内部控制重大缺陷披露动机选择行为，能够准确判断内部控制重大缺陷披露对企业创新投入的影响提供了客观证据，还丰富了分析师关注、媒体关注和机构投资者持股后果影响研究文献。

1.1.2.2 实践意义

在提升上市公司质量、加快形成新发展格局、推动经济高质量发展的背景下，探讨内部控制重大缺陷披露与企业创新投入的关系，其现实意义在于以下几个方面。

(1) 从促进企业创新发展来看，本书的研究结论可以为企业治理层和管理层在加强内部控制建设的同时，优化内部控制重大缺陷披露行为，缓解、消除和扭转内部控制重大缺陷及其披露对企业创新投入的不利影响，提供理论依据。

提升上市公司内部控制质量、信息披露水平及其科技创新能力是提高上市公司自身质量的重要抓手。本书在中国沪深上市公司内部控制信息强制性披露的大背景下，将2012～2019年沪深A股上市公司作为研究样本，通过理论分析和实证检验发现：内部控制重大缺陷披露对企业创新投入的不利影响仅存在于非主动披露该信息的企业中，且内部控制重大缺陷整改信息披露越充分，这一不利影响越小。这一研究结论有利于提高企业治理层和管理层加强内部控制建设的积极性和遵从内部控制重大缺陷披露制度的自觉性，采取主动披露内部控制重大缺陷并充分披露相关整改信息，进而缓解、消除甚至扭转内部控制重大缺陷及其披露对企业创新投入的不利影响，实现创新发展。

(2) 从优化政府监管来看，本书的研究结论可以为政府监管部门完善内部控制信息披露法规，促进公司治理和内部控制机制优化，推动内外部信息环境协调发展，促进企业主动、及时披露内部控制重大缺陷，认真进行内部控制重大缺陷整改，提供经验证据。

如何适度管制企业信息披露行为，在激发企业创新活力的同时，降低外部利益相关方所面临的风险，促进企业提升创新投入水平，是政府推动企业创新、实现经济高质量发展中亟须解决的问题。本书研究发现：在当前内部控制信息强制性披露背景下，内部控制重大缺陷披露总体上抑制了企业创新投入水平的提升，而这一负面作用仅存在于非主动披露该信息的企业中，且内部控制重大缺陷整改越充分，这一不利影响越小，主要的外部信息环境因素对两者关系具有调节作用。这一研究结论说明管理层的披露行为总体上是被动的，整改的有效性需要提高，外部信息环境也需要改善。这些研究结论能够为政府部门有的放矢地完善内部控制信息披露法规、监管管理层内部控制重大缺陷披露动机选择行为，通过完善相关法律法规鼓励分析师关注企业创新发展、强化对媒体信息传播行为的监管力度以及引导机构投资者支持企业创新活动，进而优化创新环境，提供证据支持。

（3）从提高投资者决策效率来看，本书的研究结论可以为投资者根据管理层内部控制重大缺陷披露动机选择行为和外部信息环境因素，准确判断内部控制重大缺陷披露对企业创新投入的影响，理性作出投资决策，提供有益启示。

在信息不对称普遍存在的资本市场中，如何充分利用内外部信息环境以提高投资决策的科学性是投资者长期面临的重要问题。本书的经验证据表明，内部控制重大缺陷披露与企业创新投入间的负相关关系仅存在于非主动披露该信息的企业中，且重大缺陷整改信息披露越充分，越有助于缓解内部控制重大缺陷披露与企业创新投入间的负相关关系，而分析师和市场导向媒体关注程度越高，独立机构投资者持股比例越大，两者间负相关关系越强。这一研究结论有助于启发投资者依据内部控制重大缺陷披露的主动性和整改信息披露等管理层内部控制重大缺陷披露动机选择行为，以及分析师和媒体关注、机构投资者持股等外部信息环境判断内部控制重大缺陷披露对企业创新投入的影响效应，进而提高投资决策效率。

1.2 核心概念界定

1.2.1 内部控制重大缺陷披露

1.2.1.1 内部控制缺陷及其分类

国内外内部控制监管规范关于内部控制缺陷的认识从其对内部控制目标的双向影响转变为单向影响：美国反舞弊财务报告委员会下属的发起组织委员会（COSO，1992）认为，内部控制缺陷是指内部控制中已被发现的、潜在或实际发生的不足之处，但也可能通过强化措施提高组织目标实现可能性的机会；五部委制定的《基本规范》及 COSO（2013）将内部控制缺陷理解为内部控制系统中潜在的或已有的缺点，且该缺点会对企业目标的实现能力或内部控制目标的实现造成不利影响。因此，遵从近期国内外监管规范，本书认为，内部控制缺陷是指那些已经或可能对内部控制目标实现产生不利影响的薄弱环节。

在明确内部控制缺陷含义的基础上，为了更好地把握内部控制缺陷特征，高效展开研究以指导实践，还需要区分内部控制缺陷类型。已有监管规范和学术研究对内部控制缺陷的分类情况如表1-1所示。

表1-1 内部控制缺陷分类

分类依据	规范/文献	类别	含义及其内容
根据内部控制缺陷对内部控制目标实现影响的严重程度分类	五部委《评价指引》①	重大缺陷	一个或多个控制缺陷的组合，可能导致企业严重偏离控制目标
		重要缺陷	一个或多个控制缺陷的组合，其严重程度和经济后果低于重大缺陷，但仍有可能导致企业偏离控制目标
		一般缺陷	除重大缺陷和重要缺陷以外的控制缺陷
根据内部控制缺陷的产生原因分类	COSO报告和《基本规范》②	设计缺陷	内部控制制度设计存在漏洞，不论运行情况如何，均会对内部控制目标的实现产生不利影响
		运行缺陷	内部控制制度设计合理，但运行中存在弱点或偏差，导致对内部控制目标的实现产生不利影响
根据内部控制缺陷的影响范围分类	美国公众公司会计监督委员会（PCAOB）AS.2和AS.5	财务报告口径的内部控制缺陷	对财务报告内部控制有效性进行评价，判断是否存在内部控制缺陷
	COSO报告和《基本规范》③	全口径的内部控制缺陷	对公司经营合法合规、资产安全、财务报告、经营效率和效果、目标实现等进行评价，判断是否存在内部控制缺陷
根据内部控制要素分类	南京大学会计与财务研究院课题组（2010）	控制环境、风险评估、控制活动、信息与沟通、内部监督五类缺陷	

注：①美国公众公司会计监督委员会（PCAOB）发布的AS.2和AS.5中按照内部控制缺陷对企业财务报告的影响程度将其分为控制缺陷、重大缺陷和实质性缺陷。②COSO报告中也采用该分类方法。③穆迪债券评级公司对内部控制缺陷的分类遵从全口径分类方式，认为会计层面的内部控制缺陷是特定账户余额或交易中的会计控制缺陷，而公司层面的缺陷不仅包括财务报告流程缺陷，还包括控制环境、审计委员会、内部审计和风险评估中存在的缺陷。

资料来源：作者根据相关内部控制规范文件、学术文献整理。

除表1-1中列示的主要内部控制缺陷类型外，还有学者根据内部控制缺陷审计难易程度（Hammersley et al.，2008）、是否与信息技术相关（Klamm et al.，2012）对内部控制缺陷进行了分类。由于本书基于"缺陷有效观"探讨内部控制与企业创新投入的关系，而创新是企业实现竞争战略的决定性因素（Porter，1980），即与内部控制目标密切相关，因此，本书对内部控制缺陷的分类遵从五部委《评价指引》中的分类标准，将内部控制缺陷按照其对内部控制目标实现影响的严重程度分为重大缺陷和非重大缺陷。

1.2.1.2 内部控制缺陷与内部控制固有局限性的辨析

COSO 报告中明确指出，无论内部控制设计多么严密，运行多么顺畅，都无法绝对保证企业内部控制目标实现，而只能提供合理保证。原因在于，企业治理层和管理层非主观的判断错误或行为过失、管理层越权行为甚至串通勾结以及成本效益原则等都可能影响内部控制目标的实现程度，即内部控制存在固有局限性。可见，内部控制固有局限性与内部控制缺陷均会影响内部控制目标实现的可能性，因此，要正确理解内部控制缺陷，必须将其与内部控制固有局限性区分。根据杨有红和李宇立（2011）的研究，内部控制缺陷与内部控制固有局限性的共同点主要有：（1）两者都以各自对内部控制目标实现的影响为判断标准；（2）两者都可能产生于内部控制设计或运行环节；（3）两者的表现形式有共同之处，比如，管理层蓄意串通或越权行为既是内部控制固有局限性的一种表现，同时也是最为严重的内部控制缺陷。而两者的区别主要体现在：（1）两者的产生原因不同。内部控制固有局限性是内部控制在设计过程中预留的风险敞口，或即使按照设计运行也难以实现内部控制目标的可能；而内部控制缺陷是设计中未发觉的漏洞，或运行中未按设计要求执行而产生偏差的可能。（2）两者的影响后果不同。内部控制固有局限性导致内部控制设计与运行仅能为其目标实现提供合理保证，而无法提供绝对保证；但内部控制缺陷的存在导致内部控制对其目标实现的保证程度更低，甚至连合理保证都难以提供。

1.2.1.3 内部控制重大缺陷及其披露与内部控制有效性

《基本规范》指出，内部控制是企业全员参与、旨在实现控制目标的过程。因此，对内部控制有效性的判定，一方面要将内部控制五要素作为一个整体，从其设计和运行的各个环节进行通盘考虑（杨道广等，2019）；另一方面还应注意内部控制固有局限性导致有效的内部控制仅对目标实现提供合理保证（陈汉文和黄轩昊，2019）。从内部控制缺陷的定义来看，内部控制中的任何一个要素、任何一个环节出现缺陷都可能对内部控制目标的实现造成不利影响；而内部控制重大缺陷与非重大缺陷的主要区别在于，内部控制重大缺陷的存在必然使得企业严重偏离控制目标。因此，以是否存在内部控制重大缺陷判定内部控制有效性既尊重了内部控制的有机整体性（杨道广等，2019），同时也避免了过度追求"零缺陷"对企业文化环境、员工工作热情带来的负面影响，不仅符合内部控制合理保证目标实现的要求，而且提高了内部控制有效性的辨识度（倪静洁和吴秋生，2020），成为国际上判定内部控制有效性的通行做法。

然而，内部控制运行与评价过程存在于企业"黑箱"之中，企业内外部信息使用者之间关于内部控制是否有效、是否存在内部控制重大缺陷、是否存在信息不对称。内部控制信息披露作为企业信息系统的组成部分（葛家澍和李翔华，1986），是管理层自愿或根据相关监管要求将企业内部控制的建立与运行状况、评价结果对外公布的过程（宋绍清，2008）。因此，内部控制缺陷披露成为利益相关方判别内部控制目标实现可能性最便捷、最主要的方式，是内部控制信息披露的核心（杨程程，2016）。由于中国上市公司内部控制信息披露已经进入强制性变迁阶段（林钟高和丁茂桓，2017），因此，本书认为：内部控制重大缺陷披露是指上市公司按照《评价指引》的要求，在内部控制评价报告中公开披露内部控制设计或运行中存在的重大缺陷及其认定标准、整改情况等相关信息。由于披露内部控制重大缺陷的企业必然存在该类型缺陷（Ashbaugh-Skaife et al.，2007），即其内部控制无效；没有披露内部控制重大缺陷的企业，有的可能隐瞒了重大缺陷，更多的可能确实没有重大缺陷，因而这类企业的整体内部控制质量高于披露重大缺陷的企业（田高良等，2010；张超和刘星，2015）。因此，根据内部控制评价报告中是否披露内部控制重大缺陷表征内部控制有效性是符合内部控制定义、体现内部控制本质且不掺杂外部信息使用者主观因素的直接且客观的做法。

1.2.1.4 内部控制重大缺陷披露中的管理层动机选择行为

已有研究指出，即便在监管部门对企业信息披露项目作出强制披露要求的情况下，管理层考虑到信息披露的经济后果，很可能出于特殊利益考虑借助信息披露的信号传递作用选择性地开展信息披露工作，这种"自主选择权"通常体现在披露方式、时间和内容详细性等方面（王雄元和王永，2006），导致上市公司大部分信息披露工作属于形式上的"强制"，而非实质上的"自愿"（王惠芳，2009）。学者们认为，企业进行自愿性信息披露的动机大致可分为：（1）降低外部融资成本、发行证券的资本市场交易动机；（2）降低企业价值被低估风险、解释企业业绩的控制权竞争动机；（3）提高股票流动性、进行内部交易的股票交易动机；（4）降低未来诉讼成本、避免股价突降的诉讼成本动机；（5）突出管理层组织能力与管理水平的管理能力信号动机（Healy and Palepu，2001）。由此可以发现，企业自愿实施的选择性信息披露行为大多是为了缓解信息不对称，为企业争取更多资源，维护企业及管理层声誉，降低代理成本。因此，在内部控制信息强制性披露背景下，由于披露制度不完善和违规惩处力度小，一般意义上的自愿性信息披露动机在内部控制重大缺陷披露中也有所体现，导致内部控制重大缺陷披露是带有高管意图的内部控制质量揭示，是基于高管动机的信息披露行为，因而很可能出现管理层出于自利动机选择不披露、少披露、晚披露以及"避重就轻"披露等机会主义行为（王俊鞞，2020），或在法律法规驱使下开展与机会主义行为相对应的真实披露、主动披露等主观能动性行为。

1.2.2 创新投入

1.2.2.1 创新投入的含义

经济学中的创新概念最早由经济学家熊彼特（Joseph A. Schumpeter）提出，他认为，创新就是构建一种新型生产函数，以不同于前人的方式将生产要素重新组合，以提高生产效率或获取新的产品。后人对创新的定义大多继承和发展了熊彼特的观点，如欧洲共同体和经济合作与发展组织发布的《奥斯陆手册》认为：创新是为取得新的或经过重大改进的产品（或服务）、工艺、销售方法或商业实践、工作现场组织或对外关系中的新组织形式而实施的活动。可见，创新这种创造性破坏活动不仅包括技术创新，即产品和工艺创新，还包括制度创新，即市场、渠道组织及其管理方式的创新。制度创新与技术创新都以降低交易成本为目标，其动力均源自企业外部环境中的不确定性引发的潜在利润，且作为生产力的技术创新决定并促进作为生产关系的制度创新，制度创新反过来可以为技术创新提供良好支撑（秦汉锋，1999；Murmann，2004）。因此，技术创新是更为基础、更为重要的创新。

技术创新有狭义和广义之分，狭义的技术创新是企业为获取潜在市场机会，重组生产要素和组织条件，建立更加高效、更低成本的生产经营系统的过程，即从研发到市场；广义的技术创新涵盖了企业研发活动直至创新扩散的整个过程（傅家骥等，1998）。一般情况下，技术创新指狭义的技术创新。因此，本书参照郝盼盼（2017）的研究，将狭义的技术创新作为概念基础。由于研发投入处于创新链条的前端，是企业开展技术创新的重要保障和根本途径，且研发投入与企业创新成果、国家创新能力正相关（Jeffrey et al.，2002），而非研发的创新投入是从技术创新中获益的重要组成部分（WIPO，2016），因此，本书将创新活动聚焦于企业研发活动，并以企业研发投入中的资金投入测度创新投入。

1.2.2.2 创新投入的特点

创新投入具有如下特点：（1）不可逆性。创新投入不同于一般的生产性投入，其目的在于实现技术进步、获取竞争优势，往往具有极强的隐秘性，资金固化后形态差别大且资产专用性强，包含大量智力资本支出和试验费用，因而具有不可逆性。（2）不确定性。创新投入的不确定性具体可分为技术不确定性和经济不确定性：一方面，技术创新能否实现预期目的、获取最终成果具有较大不确定性，一旦创新失败，前期投入难以收回；另一方面，即使能够获取创新成果，但从新知识、新技术的调研论证到新产品、新工艺的市场应用需要经过完整的创新周期，其所需时间难以预测，若市场需求发生改变，则企业无法获得商业成功。因此，创新投入的高度不确定性中蕴含着较大的风险。

创新投入的上述特点决定了创新活动的顺利开展不仅需要帮助创新主体克服畏难情绪、增强创新意愿，同时也需要提升创新主体的融资能力，帮助其获取充裕且稳定的创新资金来源，提高其创新能力。

1.3 研究目标与内容

1.3.1 研究目标

本书围绕"内部控制重大缺陷披露与企业创新投入"这一主题展开研

究，旨在探索内部控制重大缺陷披露如何影响企业创新投入，以及管理层内部控制重大缺陷披露动机选择行为和外部信息环境对两者关系的调节作用，为优化企业内部控制重大缺陷披露行为、协调企业内外部信息环境、共同推进企业创新提供理论依据和经验证据。具体目标如下。

（1）通过研究内部控制重大缺陷披露对企业创新投入的影响及其作用路径，更可靠地认识内部控制有效性与企业创新投入的关系及其内在机理，克服已有内部控制有效性测度方法不科学造成的研究结论纷争，揭示内部控制重大缺陷披露与企业创新投入关系的现状，奠定优化内部控制重大缺陷披露行为，促进企业创新投入的理论基础。

（2）通过研究管理层内部控制重大缺陷披露动机选择行为对内部控制重大缺陷披露与企业创新投入关系的调节效应，揭示内部控制重大缺陷披露对企业创新投入影响形成的内在机制，为企业优化内部控制重大缺陷披露行为，政府监管部门完善内部控制信息披露法规、明确监管重点，投资者根据管理层内部控制重大缺陷披露动机选择行为准确判断内部控制重大缺陷披露对企业创新投入的影响，推动企业创新发展提供理论依据和经验证据。

（3）通过研究外部信息环境对内部控制重大缺陷披露与企业创新投入关系的调节效应，揭示内部控制重大缺陷披露对企业创新投入影响形成的外在信息环境机制，为促使政府监管部门优化企业外部信息环境，促进企业创新发展，投资者结合分析师和媒体关注情况判断内部控制重大缺陷披露对企业创新投入的影响，调整投资决策提供理论依据和经验证据。

1.3.2　研究内容与章节安排

1.3.2.1　研究内容

内部控制将合理保证企业实现发展战略作为最终目标（杨瑞平，2010），而创新是企业竞争战略的核心要素（Porter，1980）。基于已有研究成果和中国内部控制信息披露制度规范及其执行现状，本书认为，内部控制与企业创新关系的研究在以下方面有待进一步完善：第一，现有文献关于内部控制与企业创新投入关系的研究结论莫衷一是，那么内部控制制度建设与运行究竟能否助推企业创新发展？尤其是对内部控制目标影响最为突出的内部控制重大缺陷披露对企业创新投入的作用如何? 第二, 在内部控制信息强制性披露背景下, 制度的不完善以及相对宽松的监管环境为上市公司管理层披露内部控制缺陷提供了选择空间, 那么, 管理层内部控制重大缺陷披露动机选择行为的突出表现有哪些, 内部控制重大缺陷披露对企业创新投入的影响程度是否因管理层内部控制重大缺陷披露动机选择行为而有所差异? 第三, 上市公司作为信息披露主体与外部信息中介和信息消费者共同构成企业微观信息环境, 内外部信息环境协调配合有助于提升市场效率, 因此, 外部信息环境如何影响内部控制重大缺陷披露与企业创新投入的关系? 为解决上述问题, 本书基于内部控制信息强制性披露的背景, 考察内部控制重大缺陷披露对企业创新投入的影响, 主要研究内容如下。

首先, 基于内部控制重大缺陷披露的信号传递作用, 运用信息不对称理论和委托代理理论分析相对于没有披露内部控制重大缺陷的企业而言, 披露内部控制重大缺陷的企业在披露该信息之后创新投入的变化及其路径机理, 并进行实证检验, 推论并验证本书研究的基础关系, 为下文的调节效应研究奠定基础。

其次, 考虑到当前中国上市公司管理层在内部控制重大缺陷披露中存在动机选择行为的客观事实, 以信号理论为基础, 结合风险认知理论和内部控制免疫系统论分析管理层的内部控制重大缺陷披露动机选择行为对前述基础关系的调节作用, 并进行实证检验, 考察管理层内部控制重大缺陷披露动机选择行为导致的内部信息环境复杂性对前述基础关系的影响机制。

最后, 考虑到市场效率的提高有赖于企业内外部信息环境的协调配合, 基于信息不对称理论和委托代理理论分析外部信息环境中的重要因素, 即作为信息中介的分析师和媒体, 以及作为信息消费者的机构投资者对内部控制重大缺陷披露与企业创新投入关系的调节作用, 并进行实证检验, 考察重要的外部信息环境因素对前述基础关系的影响机制。

1.3.2.2 章节安排

为实现研究目标, 本书共分为七章对上述内容展开研究, 第1、第2章的主要目的在于识别研究机会、明确研究意义和研究创新, 第3章奠定了本书的理论基础并搭建研究框架,第4、第5、第6章对研究内容展开详细的理论分析和实证检验,第7章根据前文的实证分析结果总结研究结论、提出政策建议并进行研究展望。本书具体安排如下。

第1章绪论。本章主要介绍本书的研究背景、挖掘研究意义,对内部控制重大缺陷披露与创新投入的概念进行界定,说明本书的研究目标与研究内容,梳理研究思路并介绍实证研究中所采用的具体研究方法,归纳本书的创新点。

第2章文献综述。本章分别对内部控制质量与企业创新投入关系研究、内部控制质量与企业创新投入关系的影响因素研究、信息披露与企业创新投入关系研究、内部控制缺陷信息披露的动机选择与经济后果研究文献进行梳理,挖掘相关研究领域中有待完善且值得研究的问题,论证本书的创新之处。

第3章理论基础与研究框架。本章首先基于信息不对称理论说明为提升市场效率,内部控制重大缺陷披露作为企业内部信息环境的重要组成部分,须与信息中介、信息消费者组成的外部信息环境协调发展;其次基于委托代理理论说明企业创新投资活动中遇到的阻力以及内外部信息环境在促进企业创新方面的作用;再次基于信号理论揭示管理层内部控制重大缺陷披露动机选择行为存在的原因,说明上市公司内部信息环境较为复杂,从侧面反映出外部信息环境与内部信息环境相互配合的必要性;最后从企业战略目标实现的角度分析内部控制重大缺陷披露与企业创新投入的内在联系及其影响因素,通过简要回顾内部控制重大缺陷披露制度规范及其执行现状确定管理层内部控制重大缺陷披露动机选择行为的突出表现,比较各外部信息环境主体以选择本书拟研究的外部信息环境因素,最终建立本书的研究框架。

第4章内部控制重大缺陷披露对企业创新投入的总体影响。本章基于信息不对称理论和委托代理理论分析相对于没有披露内部控制重大缺陷的企业而言,披露内部控制重大缺陷的企业在披露该信息之后企业创新投入的变化及其路径机理,并采用多期DID模型、系数乘积法对上述问题进行实证检验,为本书第5章和第6章的研究奠定基础。

第5章管理层内部控制重大缺陷披露动机选择行为的调节作用。本章基于信号理论、风险认知理论和内部控制免疫系统论分析管理层内部控制重大缺陷披露动机选择行为的突出表现,即内部控制重大缺陷披露主动性、整改信息披露以及披露及时性对内部控制重大缺陷披露与企业创新投入关系的调节作用，并通过分组回归或构建交乘项的方法对其调节作用进行实证检验。

第6章外部信息环境的调节作用。本章基于信息不对称理论和委托代理理论，嵌入分析师关注的信息解读作用与压力施加作用，媒体关注的信息传播效应与市场压力效应，机构投资者持股的受托人利益保护和自我利益保护，分析不同外部信息环境对内部控制重大缺陷披露与企业创新投入关系的调节作用，并通过构建交乘项的方法对其调节作用进行实证检验。

第7章研究结论、建议与展望。本章在总结研究结论的基础上，提出企业应优化内部控制重大缺陷披露和整改行为，以提高自身创新投入水平；政府应加强内部控制重大缺陷披露主动性和整改有效性监管，并努力改善企业信息披露环境；投资者应根据企业管理层内部控制重大缺陷披露动机选择行为与外部信息环境相机开展投资决策，以提高投资效率等政策建议，最后分析本书可能存在的研究局限，展望后续研究方向。

1.4　研究思路与方法

1.4.1　研究思路

本书按照"识别研究机会—分析研究问题—提出政策建议"的逻辑顺序展开研究。

在识别研究机会的过程中，从中国创新发展现实与文献研究现状出发，由于创新投入是企业创新发展的物质基础，但其高风险特征使得企业创新投入热情不高且缺乏增加创新投资的能力，导致创新投入不足，已成为制约中国创新发展的主要原因，而内部控制是企业风险管控的重要组成部分，从制度设计及其本质属性来看理应促进企业创新发展。然而现有研究成果对两者关系的认识并不统一，究其原因可能在于以往研究对内部控制有效性的测度缺乏可靠性和客观性，考虑到是否存在内部控制重大缺陷是判定内部控制有效性的国际通行做法，因此，提出本书研究的核心问题：内部控制重大缺陷披露与企业创新投入。

在分析研究问题的过程中，基于信息不对称理论、委托代理理论和信号理论搭建本书的研究框架：考虑到管理层的动机选择行为导致作为企业内部信息环境重要组成部分的内部控制重大缺陷披露情况较为复杂，以及企业内外部信息环境的相互作用，本书以内部控制重大缺陷披露对企业创新投入的总体影响及路径机理分析为研究主线，进一步考察管理层内部控制重大缺陷披露动机选择行为的突出表现，即内部控制重大缺陷披露主动性、整改信息披露和披露及时性方面的差异对基础关系的影响，以及分析师关注、媒体关注、机构投资者持股等外部信息环境对基础关系的影响。鉴于中国上市公司内部控制信息披露自 2012 年起进入强制性披露阶段，此后的内部控制信息披露更为规范和可靠，将 2012～2019 年中国沪深 A 股上市公司作为研究样本，以上述理论为基础，运用多期 DID 模型和系数乘积法检验内部控制重大缺陷披露对企业创新投入的影响及其路径机理；结合风险认知理论、内部控制免疫系统论分析管理层内部控制重大缺陷披露动机选择行为对前述基础关系的影响机制，并运用调节效应检验方法进行检验；嵌入分析师关注的信息解读作用与压力施加作用，媒体关注的信息传播效应与市场压力效应，机构投资者持股的受托人利益保护和自我利益保护，分析不同外部信息环境中内部控制重大缺陷披露与企业创新投入的关系，并运用调节效应检验方法进行检验。

在提出政策建议的过程中，分别从三个层面提出政策建议：企业优化内部控制重大缺陷披露和整改行为，以提高自身创新投入水平；政府加强内部控制重大缺陷披露主动性和整改有效性监管，并努力改善企业信息披露环境；投资者根据企业管理层动机选择行为与外部信息环境，相机开展投资决策，以提高投资效率。

本书的研究思路如图 1-2 所示。

1.4.2　研究方法

为实现研究目标，本书采用多种回归分析方法检验内部控制重大缺陷披露与企业创新投入的关系，以及管理层内部控制重大缺陷披露动机选择行为和外部信息环境中的主要因素对两者关系的调节作用。

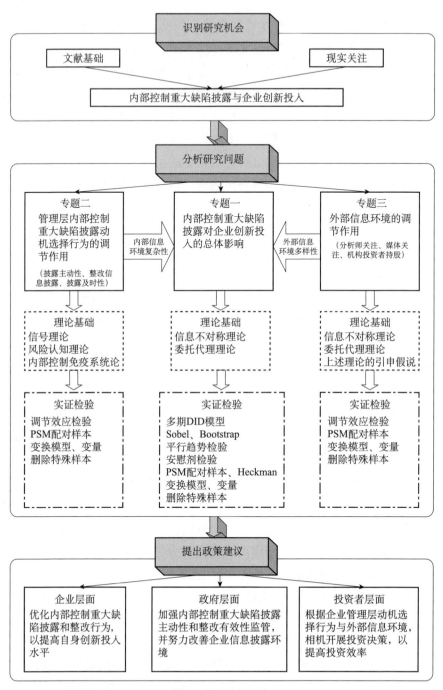

图1-2 研究思路

资料来源：作者采用 Visio 软件绘制。

1.4.2.1　多期 DID 模型

本书采用 DID 模型检验内部控制重大缺陷披露对企业创新投入的影响，之所以采用该模型，是因为不仅披露内部控制重大缺陷的企业和没有披露内部控制重大缺陷的企业其创新投入水平可能存在差异，披露内部控制重大缺陷的企业在披露该信息前后其创新投入水平也可能存在差异。如果不采用 DID 模型，简单比较有无内部控制重大缺陷披露对企业创新投入的影响，则无法排除是否两类企业在披露内部控制重大缺陷前其创新投入水平即存在差异，而非内部控制重大缺陷披露对企业创新投入产生影响；若仅比较披露内部控制重大缺陷的企业在披露前后的创新投入水平差异，那么则无法有效识别其创新投入水平的变化是由外部环境中随时间变化的其他因素所引发，还是内部控制重大缺陷披露的作用。因此，为识别内部控制重大缺陷披露对企业创新投入影响的净效应，本书借鉴伯特兰德和穆莱纳桑（Bertrand and Mullainathan，2003）、陈思等（2017）的做法，将披露过内部控制重大缺陷的企业作为处理组，将从未披露内部控制重大缺陷的企业作为控制组，建立多期 DID 模型进行实证检验。

1.4.2.2　安慰剂检验方法

考虑到内部控制重大缺陷披露与企业创新投入间的相关性可能存在伪回归问题，因此，本书借鉴权小锋等（2020）的做法，通过安慰剂检验以排除该问题对研究结论的干扰，即通过将企业披露内部控制重大缺陷的时间提前 1~3 年重新检验其对企业创新投入的影响。

1.4.2.3　倾向得分匹配法（propensity score matching，PSM）

PSM 方法的作用在于减少数据偏差、混杂变量的影响，以更好地检验处理组和控制组的差异。由于内部控制重大缺陷披露与企业创新投入都非外生事件，因此，如何解决可能存在的内生性问题至关重要。为此，本书借鉴权小锋等（2020）、斯蒂贝尔（Stiebale，2016）的做法，采用 PSM 方法缓解因不随时间变化的遗漏变量而产生的内生性问题。具体实施过程如下：采用 Logit 模型，选取企业内部控制重大缺陷披露的影响因素作为协变量，以企业是否披露内部控制重大缺陷为因变量，采用最邻近匹配法，按照 1:4 进行样本匹配，得到基于 PSM 方法的匹配样本并进行 DID 检验。匹配过程中采用 1:4 进行样本匹配的原因在于，匹配的目的虽然是为处理组样本找到最为相似的控制组样本，尽可能消除个体异质性引发的估计偏差，但精确匹配在实际工作中难以实现，因而为求得最小化均方差，按照1:4 进行匹配（Abadie et al.，2004）。

1.4.2.4 Heckman 两阶段模型

考虑到本书以企业内部控制评价报告中披露的内部控制重大缺陷数据为基础展开研究，因而研究结论可靠性可能受样本自选择导致的内生性问题干扰。为此，本书借鉴张超和刘星（2015）、郭晔等（2020）的做法，采用 Heckman 两阶段模型缓解可能存在的样本自选择问题：第一步，将影响企业内部控制重大缺陷披露的因素作为解释变量，并考虑行业固定效应和时间固定效应进行第一阶段回归，以计算逆米尔斯比率（IMR）；第二步，将计算出的 IMR 代入模型中进行第二阶段回归。

1.4.2.5 基于 Sobel 方法和 Bootstrap 方法的中介效应检验

目前，逐步回归法、系数差异法和系数乘积法是学术界检验中介效应的主流方法。但随着对中介效应研究的深入，学者们发现，逐步回归法在中介效应较弱时犯第二类错误的可能性较大，而系数差异法易造成第一类错误，因此，系数乘积法是检验中介效应效率较高的方法（唐建荣和李晴，2019）。因此，本书借鉴方杰等（2012）、唐建荣和李晴（2019）、窦程强等（2020）的做法，先采用 Sobel 检验法考察代理成本、风险承担和融资约束在内部控制重大缺陷披露影响企业创新投入中的中介效应；此后考虑到 Sobel 检验法中要求经过中介变量的间接效应 a×b 服从正态分布，而这一假设较难满足，为克服 Sobel 检验法的局限性，再采用 Bootstrap 检验法进一步考察上述中介变量的作用。

1.4.2.6 分组回归或引入交乘项的调节效应检验

根据温忠麟等（2005）提出的调节效应检验方法，鉴于本书对内部控制重大缺陷披露主动性的刻画采用了是否主动披露这一哑变量，因此，本书按照是否主动披露内部控制重大缺陷对样本进行分组回归，检验内部控制重大缺陷披露主动性对内部控制重大缺陷披露与企业创新投入关系的调节作用，并根据连玉君和廖俊平（2017）的研究，采用 SUR 估计进行组间系数差异检验；对其他调节变量的检验，通过引入交乘项的方式进行回归分析。

1.5 研究创新

本书可能的研究创新体现在以下几个方面。

（1）从更客观的内部控制重大缺陷信息披露这一新的观察内部控制有效性的视角，揭示内部控制有效性对企业创新投入的影响及其路径机理，提高了研究结论的可靠性。从内部控制与企业创新投入关系的研究来看，已有文献多从内部控制制度建设、内部控制目标实现、内部控制五要素等方面衡量内部控制质量，考察内部控制对企业创新投入的影响，并得出不同的研究结论。笔者认为，以往文献研究结论不一致的原因在于内部控制质量测度方法的不完善：以内部控制制度改革为核心变量，从宏观视角揭示内部控制对企业创新投入的影响，研究结果易受国家或地区政策法规、文化背景等"噪声"的干扰，降低了研究结论的可靠性和实践指导作用（倪静洁和吴秋生，2020）；而以厦大指数或 DIB 指数为核心变量测度内部控制质量并研究内部控制对企业创新投入的影响，研究结果可能因指数构建过程中的权重赋值主观性存在偏差（林斌等，2014），或因指数构建中包含各内部控制目标测度比率而存在"机械相关性"（陈汉文和黄轩昊，2019）；以内部控制要素测度内部控制质量的研究因忽视了内部控制的有机整体特征，因而指标设计本身就存在着不合理之处（杨道广等，2019）；尽管有少数文献以内部控制缺陷判定内部控制质量并研究内部控制与企业创新投入的关系，但其具体做法仍存在瑕疵，如钟凯等（2016）将未披露任何内部控制缺陷的企业作为高质量内部控制企业，隐含的假设是内部控制对五大目标提供绝对保证，这不符合内部控制合理保证目标实现的定义，再如李等（Li et al.，2019）在研究内部控制重大缺陷异质性对企业创新投入影响的过程中，对内部控制重大缺陷的刻画仍部分依托于 DIB 指数，因而，依然没有摆脱 DIB 指数在度量内部控制质量方面的缺憾。而本书立足于"缺陷有效观"，即以是否存在可能导致企业严重偏离控制目标的重大缺陷判定内部控制有效与否，不仅纠正了"程度有效观"只注重结果不看重过程的测度偏差，同时也克服了"要素有效观"只见树木不见森林的缺憾，在提高内部控制有效性辨识度的同时，遏制了过度追求内部控制有效程度所引发的管理层过度规避风险的问题，充分体现了内部控制的合理保证程度，这对企业积极开展高风险的创新活动尤为重要（倪静洁和吴秋生，2020）；且披露内部控制重大缺陷的企业必然存在该类型缺陷（Ashbaugh-Skaife et al.，2007），说明其内部控制无效，没有披露内部控制重大缺陷的企业，有的可能隐瞒了重大缺陷，更多的可能确实没有重大缺陷，因而这类企业的整体内部控制质量高于披露内部控制重大缺陷的企业（田高良等，2010；张超和刘星，2015）。因此，本书以是否披露内部控制重大缺陷表征企业内部控制有效性，可以更可靠地研究内部控制有效性对企业创新投入的影响，因而研究结论更具可靠性和有效性，有助于解决其他视角研究形成的理论纷争，推动关于内部控制与企业创新关系认识的深入。

（2）深入研究强制性披露背景下管理层内部控制重大缺陷披露动机选择行为对内部控制重大缺陷披露与企业创新投入关系的调节作用，即从内部控制信息强制性披露背景下的企业内部控制重大缺陷披露实际情况出发，在考察内部控制重大缺陷披露对企业创新投入总体影响效应的基础上，深入考察内部控制重大缺陷披露主动性、整改信息披露以及披露及时性对内部控制重大缺陷披露与企业创新投入关系的调节作用。这揭示了内部控制重大缺陷披露与企业创新投入总体负相关关系的内在机制，深化了内部控制有效性影响企业创新投入的内在形成机理认识，为优化企业内部控制信息披露行为，促进企业更加积极认真地提高内部控制有效性，提供了理论依据。同时，这也弥补了已有文献多基于"存在即披露""不存在即不披露"的假定，较少关注管理层的动机选择行为对内部控制信息披露经济后果影响的不足。

（3）深入研究分析师关注、媒体关注和机构投资者持股等外部信息环境对内部控制重大缺陷披露与企业创新投入关系的调节作用，揭示了内部控制有效性影响企业创新投入的主要外部信息环境因素的影响机制，为政府监管部门通过改善企业外部信息环境，促进企业优化内部控制重大缺陷披露行为，从而督促企业提高内部控制有效性；对于投资者等利益相关者根据企业外部信息环境，结合企业管理层内部控制重大缺陷披露动机选择行为，正确判断企业内部控制有效性与会计信息质量，提供系统的经验证据。这与以往文献或着眼于企业年报信息披露、环境信息披露与外部信息环境的相互作用对企业创新活动的影响，或考察企业特征和治理结构等内部因素以及制度环境与市场发育等外部因素对内部控制质量与企业创新投入关系的影响不同。

第 2 章　文 献 综 述

为论证本书主要研究内容的创新性，首先，归纳已有文献中关于内部控制质量与企业创新投入关系的主要观点；其次，整理内部控制质量与企业创新投入关系的内外部影响因素研究文献；再次，分别从企业信息披露整体质量、财务和非财务信息披露的角度梳理信息披露与企业创新投入关系的研究文献；最后，回顾内部控制缺陷信息披露的动机选择和经济后果研究文献。

2.1　内部控制质量与企业创新投入关系研究

已有文献关于内部控制质量与企业创新投入的关系大致可分为"内部控制抑制论""内部控制促进论"以及不同的内部控制要素对企业创新投入具有异质性影响三种观点，如表 2 - 1 所示。

2.1.1　内部控制整体质量与企业创新投入的关系研究

从内部控制整体质量研究其与企业创新投入关系的文献大致持有以下两种截然不同的观点。

（1）认同"内部控制抑制论"的学者们认为，内部控制会在一定程度上破坏了企业创新环境（Jensen，1993；Kaplan and Norton，1996），抑制员工的工作热情和创新精神（Ribstein，2002），挫伤管理层加大创新投入的积极性（Engel et al.，2007），因此，内部控制会对企业创新投入产生不利影响。寇恩等（Cohen et al.，2008）研究发现，《萨班斯—奥克斯利法案》（以下简称"SOX 法案"）的实施促使上市公司由应计盈余管理转向真实盈余管理，从侧面反映出内部控制监管的加强会诱使企业减少研发支出等酌量性投资以谋求短期利益；巴杰伦等（Bargeron et al.，2010）对

表 2 - 1　　内部控制与企业创新投入关系文献梳理

作者及年份	自变量	中介变量	调节变量	因变量	内部控制影响创新投入的路径分析
一、内部控制抑制论					
巴杰伦等（Bargeron et al.，2010）	SOX 法案实施前后		企业规模、独立董事占比	创新投入	风险承担
李等（Li et al.，2017）	DIB 指数		是否为高新技术企业	创新投入	创新意愿
倪娟和王帆（2020）	管理层能力		DIB 指数	企业绩效	研发活动决策灵活性
二、内部控制促进论					
钟凯等（2016）①	企业内部控制配套指引实施前后；内部控评价报告及审计报告披露情况	融资约束	产权性质；管理层代理冲突和大股东代理冲突	创新投入	风险识别、融资约束
时现和吴厚堂（2016）	DIB 指数		管理层短视	创新投入	企业文化、业务流程、员工素质
张娟和黄志忠（2016）	DIB 指数及五要素评分	创新投入	DIB 指数及五要素评分	企业业绩	管理层道德风险
张晓红等（2017）	DIB 指数		产权性质、市场化程度	创新投入	企业运行成本与风险、代理问题
陈红等（2018）	DIB 指数		产权性质、行业特征、知识产权保护指数、地区腐败程度、市场化程度、市场竞争	创新投入	风险承担、代理问题、信息不对称进一步研究：内部控制各要素与创新投入

续表

作者及年份	自变量	中介变量	调节变量	因变量	内部控制影响创新投入的路径分析
修浩鑫等 (2018)	DIB指数			研发资本异质化	公司治理、信息披露
赵莹等 (2018)	DIB指数	在职消费		创新投入	管理者自利行为
周雪峰和左静静 (2019)	DIB指数		金融关联	创新投入	代理问题、信息不对称
周竹梅等 (2019)	DIB指数	社会责任		创新投入	社会责任履行、代理问题、融资约束
杨道广等 (2019)	厦大指数			创新投入	代理问题、融资约束、信息沟通
李等 (Li et al., 2019)②	内部控制缺陷及其异质性	高管激励、现金流监管	行业类型	创新投入	信息不对称、代理问题、反欺诈机制
顾海峰和卞雨晨 (2020)	DIB指数	研发人力资本	董事会联结度、两职合一	创新投入	创新环境、研发人员获取
林煜恩等 (2018)	管理者权力	DIB指数	行业特征	创新投入	内部治理
王进朝和张永仙 (2019)	高管变更	DIB指数		创新投入	风险承担
左锐等 (2020)	企业诚信文化	DIB指数	产权性质	创新投入	经营合规
李万福等 (2017)	政府补助		DIB指数、内部控制缺陷	创新投入	代理问题
秦娜和曾祥飞 (2018)	融资约束		DIB指数	创新投入	代理问题、信息不对称
陈东和邢琛 (2020)	税收优惠		DIB指数	创新投入	代理问题、信息不对称
刘西国等 (2020)	政府审计		DIB指数	创新投入	内部监督、风险管理
易颜新和裘凯莉 (2020)	高管薪酬粘性		DIB指数	创新投入	激励与监督、融资约束

续表

作者及年份	自变量	中介变量	调节变量	因变量	内部控制影响创新投入的路径分析
三、不同的内部控制要素对企业创新投入具有异质性影响					
张娟和黄志忠 (2016)	DIB 指数五要素评分			创新投入	
陈红等 (2018)	DIB 指数五要素评分			创新投入	
李等 (Li et al., 2019)	财务报告内部控制重大缺陷、非财务报告内部控制重大缺陷	高管激励、现金流治监管		创新投入	

注：①钟凯等 (2016) 关于内部控制质量的测度中考虑了企业是否披露缺陷，但未明确区分缺陷类型；在路径机制检验中按照有研发支出的企业样本内部控制质量高低分组检验，结果显示：在内部控制质量较高的样本中，企业"投资—现金流"敏感性较低，由此认为高质量内部控制通过缓解企业融资约束进而促进创新投资，该研究设计不同于目前公认的中介效应检验方法。②李等 (Li et al., 2019) 的研究中综合内部控制缺陷披露信息披露情况，内部控制缺陷存在逆象和 DIB 指数得分在非财报缺陷样本，不同于本书中的内部控制重大缺陷，且其将报告 DIB 指数得分内部控制缺陷较低的样本作为方法存在一定瑕疵，导致其研究结论的可靠性值得商榷。此外，文中对于非财务性信息报告内部控制缺陷影响创新投入的路径检验方法不同于目前公认的中介效应检验方法。

资料来源：作者根据相关文献整理。

比 SOX 法案实施前后美国、加拿大以及英国公司的数据，发现内部控制制度化降低了企业风险承担意愿，因而不利于企业增加创新投入；李等（Li et al.，2017）基于中国上市公司数据，利用 DIB 指数测度内部控制质量，发现内部控制质量越高，企业创新投入越少；倪娟和王帆（2020）利用有调节的中介效应模型检验发现，高质量的内部控制抑制了企业管理层能力，导致研发投入减少，最终降低了企业研发绩效，因此，认为严格的内部控制限制了有能力的管理者加大企业创新投入。

（2）认同"内部控制促进论"的学者们则认为，内部控制可以为企业创新提供目标指引和结构化支持，因而有助于提升企业创新水平（Simons，1995；Dougherty and Hardy，1996；Verona，1999；Dey，2010；韩少真等，2015；骆良彬和郑昊，2016）。学者们从不同角度研究了内部控制对企业创新投入的积极作用，经验证据较为丰富：第一，内部控制质量对企业创新投入的直接影响效应研究。钟凯等（2016）研究发现，内部控制配套指引实施后，企业创新投入水平有所提升，进一步将不存在任何内部控制缺陷的企业定义为高质量内部控制企业，研究认为，高质量的内部控制通过缓解融资约束提升企业创新投入水平，因而无论是从制度建设的宏观层面，还是从企业内部控制质量的微观视角，内部控制质量的提升均有助于企业提高创新投资水平；张娟和黄志忠（2016）在剔除披露内部控制重大缺陷的样本后，利用 DIB 指数衡量企业内部控制质量研究发现，高质量的内部控制通过提升企业创新投入水平增进企业绩效，且内部控制质量的提高有助于提升创新投入对企业绩效的促进作用；修浩鑫等（2018）在构建企业创新投资异化模型的基础上，检验发现，内部控制质量越高，越有助于缓解创新投资不足，但也会加剧创新投资过度；杨道广等（2019）认为，在企业战略目标的指引下，内部控制能够合理发挥其风险管控作用，并利用厦大指数衡量内部控制质量，实证检验发现，内部控制质量与企业创新投入水平正相关。类似地，时现和吴厚堂（2016）、张晓红等（2017）、陈红等（2018）、周雪峰和左静静（2019）等均以 DIB 指数测度内部控制质量且得出了相似的结论；李等（Li et al.，2019）以内部控制是否存在实质性缺陷作为内部控制质量的反指标探讨两者关系也得出了相似的结论。此外，还有学者发现，内部控制质量越高，对管理层在职消费的约束作用越强，越有助于企业履行社会责任、吸引研发人才，进而越有利于企业提高创新投入水平（赵莹等，2018；周竹梅等，2019；顾海峰和卞雨晨，2020）。第二，内部控制质量对企业创新投入的间接影响效应研究。内部控制是管理层权力、企业诚信文化、高管变更影响企业创新投入的中介路径（林煜恩等，2018；王进朝和张永仙，2019；左锐等，2020）；且高质量的内部控制在政府补助、融资约束、税收优惠、政府审计、高管薪酬激励与企业创新投入的关系中发挥着积极的调节作用（李万福等，2017；秦娜和曾祥飞，2018；陈东和邢霖，2020；刘西国等，2020；易颜新和裴凯莉，2020）。

2.1.2 内部控制各要素质量与企业创新投入的关系研究

为解决上述研究分歧，部分学者认为，需区分不同内部控制要素或根据其侧重点的不同，深入讨论内部控制质量与企业创新投入的关系，张娟和黄志忠（2016）在研究内部控制是否能通过技术创新提高企业财务绩效的过程中发现，控制环境、信息与沟通两大内部控制要素的质量与企业创新投入正相关，而风险评估、控制活动和内部监督质量越高，企业创新投入水平越低；在内部控制协同创新投入提升企业绩效的过程中，控制活动的作用最为突出。陈红等（2018）认为，内部控制虽能在整体上提升企业创新投入，但这种促进作用多体现在控制活动和信息与沟通两大要素上，而内部监督则抑制企业创新投入。李等（2019）研究发现，非财务报告内部控制重大缺陷的存在弱化了高管超额薪酬激励和内部现金流监管，因而，其对企业创新投入的不利影响大于财务报告内部控制重大缺陷。

2.2 内部控制质量与企业创新投入关系的影响因素研究

已有研究考察了企业内外部因素对内部控制质量与企业创新投入关系的调节作用，形成以下研究结论。

2.2.1 内部因素对内部控制质量与企业创新投入关系的影响研究

2.2.1.1 企业特征

企业特征主要包括企业规模、所处行业特征、产权性质等企业自身特征因素。巴杰伦等（2010）研究发现，相较于规模较小的企业，规模较大的企业执行 SOX 法案后创新投入水平大大降低。将研究样本区分为高新技术企业和非高新技术企业，李等（2017）研究发现，内部控制质量与高新技术企业的探索性创新支出呈负相关，与其常规性创新支出呈正相关，与非高新技术企业的两类创新支出均呈负相关；而陈红等（2018）的经验证据显示，内部控制对创新投入的促进作用仅显著存在于非高新技术企业中。李等（2019）按照生产要素的投入类型对行业进行分类研究发现，内部控制重大缺陷对技术密集型行业企业创新投入的负面影响大于劳动密集型和资本密集型行业企业。关于产权性质对内部控制质量与企业创新投入关系的调节作用，学者们普遍认为：相较于非国有企业，国有企业担负着保障就业、维持社会稳定等社会责任，且其委托代理关系更复杂，因而创新积极性不高；而非国有企业更倾向于通过研发创新获取竞争优势以赢得市场竞争，因此，内部控制对企业创新投入的促进作用在非国有企业中表现得更为突出（钟凯等，2016；张晓红等，2017；陈红，2018）。

2.2.1.2　代理问题

在管理层代理冲突方面，相较于两职合一的企业，两职分离的企业中内部控制更有助于企业加大创新投入（钟凯等，2016；顾海峰和卞雨晨，2020），管理层持股和基金持股也能够协同内部控制促进企业创新投入（钟凯等，2016）；但时现和吴厚堂（2016）以企业短期投资行为衡量管理层短视研究发现，内部控制对企业创新投入的促进作用并未因管理层短视而表现出显著不同。在股东代理冲突方面，钟凯等（2016）按照大股东是否具有绝对控制权、股权集中度以及控制权和现金流权分离程度的高低划分子样本，但并未发现内部控制对企业创新投入的促进作用在各子样本间存在显著差异。

2.2.1.3　董事及董事会特征

巴杰伦等（2010）研究发现，内部控制制度化对企业创新投入的负面影响在独立董事占比较低的企业中更加突出。顾海峰和卞雨晨（2020）认为，由于董事联结降低了企业信息透明度、弱化了监督机制，因而降低了内部控制对企业创新投入的促进作用。

2.2.1.4 高管特征

周雪峰和左静静（2019）从企业创新资金获取的角度分析认为，由于通过内部控制制度建设提高企业融资能力的成本较高，因而企业往往聘任具有金融关联的高管获取融资便利，但金融关联为高管谋取私利提供了便利条件，导致企业高管建立健全内部控制的积极性降低，因此，金融关联弱化了内部控制对企业创新投入的促进作用。

2.2.2 外部因素对内部控制质量与企业创新投入关系的影响研究

2.2.2.1 制度环境

陈红等（2018）认为，企业所在地知识产权保护力度的加大能够为企业创新提供良好的制度保障，因而强化了内部控制质量与企业创新投入之间的正相关关系；而随着个别地区官员腐败程度的加深，官员设租导致企业享受研发优惠政策的难度逐步加大，企业创新意愿降低，加之内部控制越规范的企业通过寻租获取政府支持的可能性越小，因此，个别地区官员腐败弱化了内部控制对企业创新投入的促进作用。

2.2.2.2 市场发育

市场化程度越高、产品市场竞争越激烈的地区，企业权益的保障程度和资源配置效率往往越高，对管理层的监督机制越完善，企业创新意愿和创新能力越强，因此，市场化程度和产品市场竞争有助于提升内部控制对企业创新投入的促进作用（张晓红等，2017；陈红等，2018）。

2.3 信息披露与企业创新投入关系研究

已有文献从信息披露质量整体视角，或区分财务信息与非财务信息，探讨了信息披露与企业创新投入的关系，主要研究成果如下。

2.3.1 信息披露整体质量与企业创新投入的关系研究

信息披露质量对企业创新投入而言是一把双刃剑：一方面，随着信息披露整体质量的提升，信息的融资作用、监督作用充分发挥，有利于企业增加创新投入；另一方面，严格的信息披露制度可能不利于营造容错的创新环境，且可能因泄密和竞争对手的掠夺行为对企业创新投入产生负面影响。

支持信息披露促进企业创新投入的经验证据有：袁东任和汪炜（2015）以企业盈余管理水平、前瞻性信息披露和深圳证券交易所（以下简称"深交所"）信息披露评价结果测度上市公司信息披露整体质量研究发现，信息披露质量越高，越有利于缓解融资约束、降低代理成本，因而有助于企业提高创新投入水平；且产品市场竞争越激烈，越能够协同信息披露质量促进企业创新投入水平的提升（李慧云等，2020）。郑毅和徐佳（2018）进一步区分企业创新活动策略研究发现，在渐进式创新企业中，融资约束对创新投资活动产生消极影响，而信息披露质量的提高可以缓解这种负面作用；在突变式创新企业中，融资约束不会显著影响创新投资活动，但是信息披露质量的提升会导致两者呈现负相关关系。林煜恩等（2020）聚焦于语言信息质量研究发现，管理层语调与企业创新投入正相关，且成长机会正向调节两者间的正相关关系，在信息不对称程度较高时，成长机会的正向调节作用更加显著，由此验证了管理层语调的信号作用；而创新溢酬削弱了管理层语调与企业创新投入之间的正相关关系，且在投资者保护差和负债比例高的情况下，这种负向调节作用依然存在，说明管理层语调的迎合动机并不显著。王帆等（2020）以年报预约披露制度测度年报披露及时性研究发现，与不存在年报披露延迟的企业相比，存在延迟的企业此后 3~5 年内的创新投入显著下降。

认为信息披露未能有效促进企业创新投入的研究成果有：本杰明和迈克尔（Benjamin and Micheal，2012）认为，竞争者会依据企业所披露的信息采取掠夺其竞争优势的策略，抑制企业创新活动；李建标等（2015）采用实验研究方法考察信息披露与企业创新的关系，得出了类似的结论；李春涛等（2020）运用文本分析技术构建年报可读性指标研究发现，尽管年报可读性的提高有助于缓解企业融资约束，但是过多的信息披露可能导致企业核心机密外泄，抑制企业创新投入。进一步研究发现，年报可读性对企业创新投入的负面影响随着分析师关注度的提升而加剧，且突出表现在高融资约束、高资本依赖和大规模企业之中，充分说明过多的信息披露会给信息挖掘者提供可乘之机，抑制了企业开展创新活动的热情，因而不利于企业创新投入水平的提升。

2.3.2 财务和非财务信息披露与企业创新投入的关系研究

从企业财务信息披露情况来看，于连超等（2018）发现，盈余信息质量的提高有助于缓解融资约束、降低代理成本，提高企业创新投入水平，且盈余管理程度和盈余激进度会显著影响企业创新投入，而盈余平滑度对企业创新投入的作用并不显著。刘柏和徐小欢（2019）以应计盈余管理衡量企业财务信息透明度，从"隐性激励契约"视角探究财务信息质量对企业创新投入的影响，结果表明，财务信息透明度与企业创新投入水平正相关，而管理层权力削弱了财务信息透明度对企业创新投入的积极作用；细分样本发现，高管权力的削弱作用仅在非做空标的组存在，说明短期容忍失败是最好的创新激励；进一步研究表明，财务信息透明度的增加并未导致企业核心机密泄露，反而激发了管理层创新意愿，有利于增加创新产出。江轩宇等（2017）从会计信息可比性视角研究财务信息质量与企业创新活动的关系，实证结果表明，会计信息可比性与企业创新投入正相关。

从企业非财务信息披露情况来看，王健忠（2018）综合企业治理结构、治理效率、利益相关者和风险控制四个方面的信息披露情况构建上市公司自愿性信息披露指数，实证结果表明，自愿性信息披露通过降低企业融资约束和代理成本促进企业创新投入。但细分四个方面的披露水平进一步研究发现，自愿性信息披露对企业创新投入的积极作用仅在利益相关者保护和风险控制信息披露中存在。还有学者从非财务信息披露的内容展开研究发现：第一，知识泄露对企业创新投入具有不利影响（Bhattacharya，2006）。第二，环境信息披露对企业创新活动具有积极作用，这种积极作用不仅体现在企业创新投入上，还体现在创新产出以及创新效率上，作用路径主要集中于对企业融资约束、产品销售规模、员工稳定性以及媒体关注的影响之中（Inoue，2016；徐辉等，2020；Xiang et al.，2020；张哲和葛顺奇，2021）；与民营企业相比，环境信息披露对国有企业创新投入的促进作用更大；区分行业类型发现，环境信息披露对创新投入的正向影响在制造业中并不显著，在重污染行业中可能被"扭曲"（张秀敏等，2016）。第三，社会责任信息披露有助于缓解企业融资约束，促进企业创新投入（宋岩和孙晓君，2020），相较于对供应商、客户、消费者以及社会和环境的责任信息披露，对股东、员工的责任信息披露更有助于促进企业创新投入持续性（冷建飞和高云，2019）。第四，研发信息披露与企业创新投入正相关；区分企业特征来看，两者的正相关关系在行业地位高和融资约束低的企业中表现得更为突出；区分创新活动阶段来看，相较于开发阶段，研究阶段的研发信息披露对企业创新投入作用更大（程小可等，2018）。第五，上市公司涉诉信息披露对创新活动的影响因诉讼类型存在差异，资金类诉讼对被告企业创新投入具有不利影响，与此相反，产品类诉讼和专利侵权诉讼对被告企业创新投入具有正向激励作用（潘越等，2015；潘越等，2016）。此外，少数学者综合内部控制评价报告中的内部控制缺陷披露情况、内部控制缺陷迹象暴露情况以及内部控制指数得分情况测度内部控制质量，研究内部控制与企业创新投入的关系，实证检验结果表明，内部控制质量与企业创新投入水平正相关（钟凯等，2016；Li et al.，2019）。

2.4　内部控制缺陷信息披露的动机选择与经济后果研究

内部控制缺陷作为一种负面信息，一经披露可能给企业带来高昂的成本，即使在内部控制信息强制性披露背景下，管理层出于自身利益的考虑通常会进行选择性披露，因而企业内部控制重大缺陷披露情况必然受到管理层动机选择的影响，因此，梳理管理层内部控制缺陷披露动机选择行为和内部控制缺陷披露经济后果的相关文献可以为第 4 章、第 5 章的理论分析提供文献支撑。

2.4.1　内部控制缺陷信息披露的动机选择研究

2.4.1.1　内部控制缺陷信息披露动机选择的成因研究

学者们普遍认为，管理层的内部控制缺陷信息披露行为具有很强的动机选择性（Zhang，2007；Hochberg et al.，2009；Iliev，2010；崔志娟，2011；Alexander et al.，2013；赵息和许宁宁，2013；Wu and Tuttle，2014；杨程程，2016；王俊韡，2020），其原因可归纳为如下三点：首先，内部控制缺陷信息披露成本较高。已有研究认为，上市公司真实产出能力和公开披露信息的可信任度决定着其价值的高低（Botosan，1997；Fields et al.，2001），而内部控制信息披露制度与信息披露可信度息息相关。但内部控制信息披露制度不仅给企业运行带来了如制度执行资源投入、内外部监管成本等直接增量支出，同时由于内部控制缺陷信息的公开披露，市场的负面反应也随之而来，企业运行的间接成本逐步加大（Gao et al.，2009；Ahmed et al.，2010；Coates and Srinivasan，2014）。且内部控制缺陷信息披露产生的聚焦效应也不容忽视，有研究表明，内部控制缺陷披露导致资本市场诉讼案件激增（Bebchuk et al.，2006；Linck et al.，2009；Rice et al.，2015）。因而在缺乏相关制度约束的情况下，企业治理层和管理层为避免内部控制缺陷披露带来的高昂成本，倾向于有选择地披露内部控制缺陷信息。其次，便于大股东侵占中小股东利益。企业内部控制设计或运行中的缺陷为大股东侵占中小股东利益提供了可乘之机，而一旦披露内部控制缺陷，则管理层就须按照监管要求履行整改义务，进而加大了大股东实施"掏空"行为的阻力（Gong et al.，2007）。因此，在企业大股东的操控之下，管理层可能被迫实施内部控制缺陷选择性披露。最后，管理层自身利益。由于内部控制缺陷的披露可能导致利益相关者质疑管理层能力和努力程度，进而影响其职位升迁和薪酬水平（崔志娟等，2011），因此，管理层往往出于自身利益考虑选择不披露或少披露内部控制缺陷，已有经验证据表明，管理层权力、认知偏差等是影响企业内部控制缺陷披露动机选择的重要原因（赵息和许宁宁，2013；许宁宁，2017，2019）。鉴于上述原因，阿什博等（Ashbaugh-Skaife et al.，2007）认为，内部控制缺陷对外披露须同时满足以下条件：一是内部控制缺陷存在；二是内部控制缺陷被管理层或审计师发现；三是管理层决定披露该缺陷。

2.4.1.2 内部控制缺陷信息披露动机选择的表现研究

由于管理层存在内部控制缺陷披露动机选择行为，因此，该信息在实际披露中呈现出以下特点：第一，披露是否真实、主动。赫尔曼森和叶（Hermanson and Ye，2009）指出，只有少数内部控制被出具非标准意见的上市公司在其内部控制评价报告中披露了内部控制缺陷；部分上市公司选择以财务重述的方式反映内部控制缺陷，而不在内部控制评价报告中如实披露（Rice et al.，2015；Plumlee and Yohn，2010）。林斌等（2012）研究发现，中国上市公司内部控制重大缺陷披露比例低于美国上市公司，存在披露不真实的情况（张瑶等，2016），由于《基本规范》未对内部控制缺陷的认定标准做出明确规定，因此，上市公司内部控制缺陷披露还存在避重就轻的情况（王惠芳，2011；陈武朝，2012；董卉娜等，2012；洪峰等，2014），且上述管理层内部控制缺陷披露动机选择行为在内部控制信息强制性披露背景下仍然存在（王俊韡，2020）。此外，何等（He et al.，2019）、吴秋生和郭飞（2020）发现，部分上市公司在财务报告重述公告、相关部门违规公告、年报非标准审计意见公布后，被迫披露内部控制缺陷，即存在非主动披露内部控制缺陷的情况。第二，披露是否详细。学者们发现，内部控制缺陷信息披露过程中对缺陷类型、产生原因、是否有整改计划等方面的描述存在言辞模糊、流于形式的问题（Hammersley et al.，2008；王惠芳，2011；董卉娜等，2012）。

2.4.2　内部控制缺陷信息披露的经济后果研究

内部控制缺陷信息披露经济后果的研究成果较多，根据研究视角的不同大致可分为如下研究主题。

（1）从信息披露视角研究内部控制缺陷披露引发的上市公司股价、融资成本等的变化。学者们研究发现，内部控制缺陷披露对投资者信心和股价产生负面影响（Hammersley et al.，2008；Wu and Tuttle，2014），导致企业风险评估等级上调（Rose et al.，2010），融资成本上升（Lambert et al.，2007；Kim et al.，2011；Costello and Regina，2011；王艺霖和王爱群，2014；林钟高和丁茂桓，2017），且内部控制缺陷披露对债务融资成本的负面影响在未受到信用评级机构和银行监管的企业，以及被出具非标准内部控制审计意见的企业中更为明显（顾奋玲和解角羊，2018），但企业通过自媒体与投资者沟通可以缓解内部控制缺陷披露引发的负面市场反应（徐静等，2018）；而贝内什等（Beneish et al.，2008）发现，依据SOX法案302条款披露的内部控制缺陷会引发市场消极反应，但遵从404条款披露的内部控制缺陷不会对企业造成不利影响，奥尼那等（Ogneva et al.，2007）在其研究中也得出了类似的结论。区分内部控制缺陷严重程度发现：与未披露任何内部控制缺陷的企业相比，内部控制重大缺陷披露与个人投资者风险认知水平正相关，而内部控制重要缺陷披露不会显著影响投资者风险认知（池国华等，2012），且内部控制缺陷严重程度与负面市场反应程度、股价崩盘风险正相关（Hammersley et al.，2008；宫义飞，2020）。区分内部控制缺陷影响范围发现：披露财务报告内部控制缺陷引发的负面市场反应高于非财务报告内部控制缺陷（周嘉南和袁雨佳，2018）。进一步考察内部控制缺陷整改信息披露情况研究发现：披露内部控制缺陷及其整改信息可以缓解信息不对称，因而 IPO 抑价率更低（邱冬阳等，2010；Basu et al.，2018）；内部控制缺陷的实质性整改能够带来市场的积极反应（周嘉南和袁雨佳，2018），并降低权益融资成本（Gordon and Wilford，2012），且内部控制实质性缺陷得到整改的企业，其融资成本低于从未披露内部控制实质性缺陷的企业（Felix and Wilford，2019）；但关于内部控制缺陷整改能否降低债务融资成本，学者们并未达成一致意见（Kim et al.，2011；Costello and Regina，2011；林钟高和丁茂桓，2017）。

此外，佘晓燕和毕建琴（2018）、汉默斯利等（Hammersley et al.，2008）都对内部控制缺陷披露的详细程度进行了界定，前者发现，内部控制缺陷披露详细程度与负面市场反应呈倒"U"型关系，后者则利用反指标研究发现，内部控制缺陷披露模糊程度加剧了内部控制缺陷披露引发的负面市场反应。何等（He et al.，2019）、吴秋生和郭飞（2020）都考察了内部控制缺陷披露主动性的市场反应，前者发现与非主动披露内部控制重大缺陷的企业相比，主动报告内部控制重大缺陷的企业进行财务报告重述时会引发更强的负面市场反应；后者从内部控制重大缺陷整改信息出发研究发现，仅披露内部控制重大缺陷整改信息并不能降低股价同步性，只有主动披露该信息以及实质性整改内部控制重大缺陷才能提供增量信息。张瑶和郭雪萌（2015）界定了内部控制缺陷披露真实性，并通过实证检验发现，真实披露内部控制缺陷有助于降低权益融资成本，且自愿披露内部控制缺陷可以提高内部控制缺陷披露真实性，降低权益融资成本的程度。

（2）基于内部控制缺陷披露的条件（Ashbaugh-Skaife et al.，2007），从"披露即表明存在"出发，研究内部控制缺陷披露对财务信息质量、公司治理、投资效率和经营活动等的影响。第一，财务信息质量。内部控制缺陷会降低企业年报披露及时性（王加灿，2015）、盈余持续性（宫义飞和谢元芳，2018）和会计稳健性（郭兆颖，2020），导致财务报告错报的可能性加大（Myllymaki，2014），盈余管理程度更高（叶建芳等，2012）；

且有研究发现，为提高会计信息质量或迎合内部控制政策，企业通常在披露内部控制缺陷的同一年或者下一年变更会计政策（Keune and Keune，2018）。区分内部控制缺陷严重程度发现：内部控制缺陷越严重，盈余持续性越差（宫义飞和谢元芳，2018）。区分内部控制缺陷影响范围发现：公司层面内部控制缺陷对信息披露及时性的负面影响要大于会计层面内部控制缺陷（Ettredge et al.，2011），非财务报告内部控制缺陷披露与盈余信息含量负相关（芦雅婷和张俊民，2017）。进一步考察内部控制缺陷整改信息披露情况研究发现：内部控制缺陷整改信息披露有助于提高盈余持续性（宫义飞和谢元芳，2018），内部控制实质性缺陷得到整改的企业其会计信息质量和经营业绩均高于从未披露内部控制实质性缺陷的企业（Felix and Wilford，2019）；还有经验证据表明，与本年度或上一年度内部控制审计报告中未披露内部控制重大缺陷的企业相比，本年度内部控制审计报告披露整改了上一年度内部控制重大缺陷的公司更有可能在随后期间进行财务报告重述（Christensen et al.，2019）；吴秋生和郭飞（2020）发现，披露内部控制重大缺陷整改信息不能显著提高会计信息质量，只有主动披露内部控制重大缺陷整改信息以及实质性整改内部控制重大缺陷才能够提高会计信息质量。第二，内部治理结构。披露存在内部控制缺陷的企业相较于未披露该信息的企业发生高管腐败的可能性更大（邹威，2018），且内部控制重大缺陷会导致首席财务官薪酬下降（Hoitash et al.，2012），引发管理层变更（Li et al.，2010；Johnstone et al.，2011；Ye，2013；Goh，2013；林钟高等，2017），显著降低董事会治理水平（林钟高和常青，2017）。进一步研究内部控制缺陷整改信息披露情况发现：内部控制缺陷的实质性整改可以降低隐性腐败水平，且整改时间越短，越有利于减少高管腐败（池国华等，2020）。第三，外部治理机制。内部控制缺陷可能引发审计师变更、审计收费增加、监管处罚和诉讼仲裁增多（陈丽蓉和周曙光，2010；Raghunandan and Rama，2006；Hogan and Wilkins，2008；张敏和朱小平，2010；Kinney and Shepardson，2011；李越冬等，2014；佘晓燕和毕建琴，2018）。区分内部控制缺陷影响范围发现：相较于业务层面内部控制重大缺陷，公司层面内部控制重大缺陷导致的审计延迟更长（Ettredge et al.，2006；Munsif et al.，2012）；相较于不存在IT内部控制缺陷的公司，存在该类型内部控制缺陷的公司被出具非标准内部控制审计意见的概率更高（尚兆燕和刘凯扬，2019）。区分内部控制缺陷整改信息披露情况发现：内部控制重大缺陷整改信息披露提高了审计费用（吴秋生和郭飞，2020），而内部控制缺陷的实质性整改有助于缩短审计延迟（Munsif et al.，2012）、降低审计收费（盖地和盛常艳，2013），且有效整改内部控制实质性缺陷的公司负担的审计费用低于从未披露该类型内部控制缺陷的公司（Felix and Wilford，2019）。此外，何等（2019）从内部控制缺陷信息披露主动性出发的研究发现，虽然内部控制重大缺陷披露主动与否并不影响企业被起诉的概率，但是主动披露该信息的企业被撤诉的可能性更大，并可以与原告方达成更低的和解金。第四，投资效率。与不存在内部控制缺陷的企业相比，存在内部控制缺陷的企业非效率投资可能性更高（李万福等，2011；Cheng et al.，2013），且内部控制审计报告意见类型和内部控制评价报告信息披露充分性对两者关系具有调节作用（张超和刘星，2015）。内部控制缺陷严重程度与投资不足正相关，且内部控制缺陷的实质性整改并未有效缓解投资不足（池国华和王钰，2017）。第五，经营活动。存在内部控制缺陷的企业面临着较大的固有风险和信息风险（Hogan and Wilkins，2008），与客户、供应商关系终止的可能性更高（Bauer et al.，2018），销售增长率降幅、陷入财务困境和财务危机的可能性更大（Su et al.，2014；林钟高和陈曦，2016），风险承担能力被削弱、对外担保减少（宋迪等，2019），收购决策质量下降（Darrough et al.，2018；Harp and Barne，2018），企业股票估值、现金持有价值和运营效率更低（Li et al.，2016；Gao and Jia，2016；Cheng et al.，2018；杨旭东，2019）；内部控制缺陷数量与违规风险、陷入财务困境的概率正相关（单华军，2010；李万福等，2012）。而盛常艳（2012）研究发现，在内部控制信息自愿披露阶段，内部控制缺陷信息披露与公司业绩正相关。区分内部控制缺陷影响范围发现：与业务层面的内部控制重大缺陷相比，公司整体层面和控制环境中的内部控制重大缺陷对现金持有价值的负面影响更大（Gao and Jia，2016）。进一步考察内部控制缺陷整改信息披露情况发现：内部控制缺陷的实质性整改能够降低企业合规风险（林钟高和李帽帽，2016）、财务风险（林钟高和陈曦，2016），以及与客户、供应商终止合同的可能性（Bauer et al.，2018），有助于提高企业股票估值、现金持有价值、运营效率、社会责任履行水平及并购活动后续收购估值（Li et al.，2016；Gao and Jia，2016；林钟高等，2018；Caplan et al.，2018）。

2.5 文 献 述 评

综上所述，学者们考察了内部控制质量与企业创新投入的关系以及企业内外部因素对两者关系的调节作用；研究了企业信息披露整体质量、财务信息和非财务信息披露对企业创新投入的影响；考察了是否披露内部控制缺陷、缺陷严重性、缺陷影响范围、缺陷整改信息披露的经济后果，并基于内部控制缺陷信息披露存在动机选择的客观现实，研究了内部控制缺陷披露真实主动性和详细程度的直接经济后果。上述研究为本书探讨内部控制重大缺陷披露与企业创新投入的关系奠定了深厚的理论基础，但其不足之处也为本书提供了研究机会。

（1）现有研究多从内部控制制度建设、内部控制目标实现、内部控制五要素等方面衡量内部控制质量，考察了内部控制对企业创新投入的影响，也有少部分学者利用内部控制缺陷数据测度内部控制质量研究其对企业创新投入的影响，但其研究结论并不统一。本书认为，已有研究结论不一致的原因可能在于内部控制质量测度方法的不完善。基于"程度有效观"以内部控制制度改革测度内部控制质量研究其经济后果，虽能检验政策效果，但难以排除国情、国策和文化传统等"噪声"对研究结论的干扰，导致结论不可靠且对企业实务工作的指导意义不大（倪静洁和吴秋生，2020）；以厦大指数和 DIB 指数测度内部控制质量的不妥之处在于：厦大指数虽能从整体上测度内部控制制度的健全性，但其指标设计更侧重对内部控制要素构建过程的考评，忽略了内部控制目标的实现程度，且指数计算过程易受主观因素的影响，因而不能全面、客观地衡量内部控制质量（林斌等，2014）；而 DIB 指数的编制主要是基于内部控制目标的实现程度，虽有一定的合理性，但带有明显的"光环效应"（郭阳生等，2018），即只要结果好则过程就好，但内部控制仅仅是企业经营管理的一部分，并非企业实现生存和发展目标的充分条件（倪静洁和吴秋生，2020），因而该指数对内部控制质量的计量是有偏的（陈汉文和黄轩昊，2019），且 DIB 指数的计算过于依赖企业资产安全、合法合规、财报质量、运营效率、市场表现等指标，极易引发实证结果的"机械相关性"（陈汉文和黄轩昊，2019）。基于"要素有效观"以内部控制各要素测度内部控制质量的方法割裂了内部控制的整体性（李越冬等，2014），因而这种做法是不可取的。

由于信息不对称普遍存在，因此，内部控制缺陷披露不仅能够反映企业的风险管控工作成效，更是外部利益相关方判别企业内部控制有效性的重要渠道，因而也有部分学者基于企业内部控制缺陷披露情况评判内部控制质量，如钟凯等（2016）将未披露内部控制缺陷的企业作为高质量内部控制企业，研究发现，内部控制质量与企业创新投入水平正相关，但这种"一刀切"的做法违背了内部控制对五大目标仅提供合理保证的前提。内部控制重大缺陷是基于内部控制设计与运行情况直接评价内部控制有效性，以该信息的披露情况衡量内部控制质量可以纠正"程度有效观"只注重结果不看重过程的测度偏差，同时也避免了"要素有效观"只见树木不见森林的缺憾。但目前很少有人从"缺陷有效观"出发考察内部控制有效性对企业创新投入的影响，这主要是因为人们对内部控制缺陷披露的充分性和可靠性心存疑虑（林斌等，2014）。本书认为，由于披露内部控制重大缺陷的企业必然存在该类型缺陷（Ashbaugh-Skaife et al.，2007），即其内部控制无效；没有披露内部控制重大缺陷的企业，有的可能隐瞒了重大缺陷，更多的可能确实没有重大缺陷，因而这类企业的整体内部控制质量高于披露重大缺陷的企业（田高良等，2010；张超和刘星，2015），因此，根据内部控制评价报告中是否披露内部控制重大缺陷表征内部控制有效性是符合内部控制定义、体现内部控制本质且不掺杂外部信息使用者主观因素的直接且客观的做法。尽管李等（2019）在其研究中依托于 DIB 指数测度内部控制重大缺陷，并以此评判企业内部控制质量，检验内部控制对企业创新投入的影响，但其研究结论仍可能存在"机械相关性"。可见，以往关于内部控制质量与企业创新投入关系研究结论的可靠性有待提高，且专门基于内部控制重大缺陷披露视角研究内部控制与企业创新关系的文献较少。因此，为提高内部控制有效性与企业创新投入关系研究结论的可靠性，增进对两者关系的认识，有必要全面、深入地研究内部控制重大缺陷披露对企业创新投入的影响。

（2）从企业信息披露的角度看，现有文献多利用深交所信息披露评价结果、盈余管理或自建信息披露质量评价体系的方式测度企业信息披露质量，并探讨其与企业创新投入的关系，或分别考察财务信息披露、非财务信息披露对企业创新投入的影响，其中大多数文献从企业正面信息披露的视角展开研究，只有少数学者考察了上市公司作为被告方的涉诉信息披露和含内部控制缺陷披露情况的综合内部控制质量对创新投入的影响。可见，关于企业负面信息披露对其创新投入影响的研究较少，在仅有的内部控制缺陷披露与企业创新投入关系的研究中，变量定义不符合内部控制对目标实现的合理保证程度或测度过程过于复杂，可能导致研究结论存在偏差。根据信息不对称理论，企业治理层和管理层是掌握内部控制缺陷信息最全面、最深入的群体，在内部控制信息强制性披露阶段，内部控制评价报告中的内部控制缺陷信息理应最为全面，而企业违规违法行为是内部控制缺陷积累到一定程度的外在表现，该类信息的披露不能触及企业运营问题的根本，且内部控制重大缺陷直接影响内部控制目标的实现，该信息的披露不仅提高了内部控制有效性的辨识度，而且有助于杜绝管理层过度追求内部控制有效程度所引发的过度规避风险问题（倪静洁和吴秋生，2020），因此，从内部控制重大缺陷披露的视角研究负面信息披露与企业创新投入的关系仍有待深入。

（3）现有研究多从企业风险承担、代理问题、融资约束、信息透明度等方面论证内部控制质量影响企业创新投入的作用机理，但进行路径检验的研究成果较少，在少数提供中介路径经验证据的文献中，其研究设计的合理性存在争议，因此，关于两者关系的传导路径缺少可靠经验证据的支持。

（4）已有关于内部控制缺陷与企业创新投入关系的研究并未关注到管理层内部控制缺陷披露动机选择行为对两者关系的影响，而在内部控制信息强制性披露阶段，研究如何在现有监管要求下优化企业内部控制信息披露行为、提高信息的决策有用性更具有现实意义。因此，在厘清内部控制重大缺陷披露与企业创新投入关系的基础上，考察管理层内部控制重大缺陷披露动机选择行为对基础关系的调节作用，对提升企业内部控制缺陷披露水平进而实现创新发展，提高投资者决策效率，优化政府部门内部控制缺陷信息披露监管行为十分有益，而目前缺乏相关理论依据和经验证据。

（5）现有研究考察了企业特征、代理冲突、董事和董事会特征以及高管特征等内部因素，制度环境和市场发育等外部因素对内部控制质量与企业创新投入关系的调节作用，而内部控制信息披露作为企业内部信息环境的一部分，其与企业创新投入的关系必然受到外部信息环境的影响，但现有文献并未考察内部控制重大缺陷信息披露与外部信息环境的互动作用如何影响企业创新投入。

为此，本书首先考察内部控制重大缺陷披露对企业创新投入的总体影响，并对联结两者关系的中介因子进行实证检验，为后文的调节机制分析提供理论基础。其次考虑到管理层在内部控制缺陷信息披露中存在动机选择行为，导致企业内部信息环境较为复杂，因而分别考察内部控制重大缺陷披露主动性、整改信息披露和披露及时性对上述基础关系的调节作用。最后考虑到企业内外部信息环境的互动作用，进一步考察作为信息中介的分析师、媒体和作为信息消费者的机构投资者对内部控制重大缺陷披露与企业创新投入关系的调节作用。

第 3 章　理论基础与研究框架

3.1　理 论 基 础

3.1.1　信息不对称理论

信息不对称理论指出，交易中的卖方相较于买方而言具有信息优势（Akerlof，1970）。上市公司所有权与经营权分离形成的委托代理关系使得企业利益相关方的权、责、利交织在一起，各方都倾向于选择实施有利于实现自身利益最大化的行为。由于各方获取信息的途径和时间不同、内容和用途各异，因而信息不对称不可避免。根据信息不对称发生的时间不同，信息不对称可分为在交易发生之前存在的信息不对称（事前信息不对称）和交易合约签订之后存在的信息不对称（事后信息不对称）。前者可能引发逆向选择，比如，企业所有者受制于事前信息不对称未能聘任有能力的经营者；后者可能导致道德风险，即代理人可以利用这种信息不对称以及经济环境不确定性、契约不完备性，实施不易被委托方观察和监督的隐秘行动或不行动，给委托方造成利益损失或使自己获益。可见，不论是哪种类型的信息不对称都会降低市场运行效率。因此，营造良好的信息环境、降低信息不对称程度是实现帕累托最优交易的有效方式（Bushman，2004）。

上市公司信息环境是各种信息活动的集合，包括上市公司的信息生成行为，分析师、媒体等信息中介的信息收集、传递与解读行为，以及投资者等信息消费者的信息使用行为（Sami and Zhou，2008）。根据各信息活动主体与企业的关系，将企业的信息生成行为作为内部信息环境，信息的收集、传递、解读和消费行为作为外部信息环境。上市公司信息环境的质量取决于内外部信息环境的共同发展，其有序运转需要高质量的信息披露，高效率的信息传递和解读，以及理性的信息运用相互配合（陈君兰，2013）。

从内部信息环境来看，由于信息生成是信息传递、解读和使用的内容来源，因而内部信息环境是整个信息环境中最为基础和关键的部分，对缓解信息不对称、提高市场效率至关重要。相较于上市公司治理层和管理层，外部利益相关方处于信息劣势，因此，一方面，为降低管理层道德风险，保护投资者等信息使用者的利益、促使市场有效运转，各国政府及相关监管部门或多或少地会对上市公司信息披露进行干预，制定信息披露最低要求，形成了相对统一的内部信息环境；另一方面，上市公司作为证券市场的参与者，为降低自身价值被低估的风险，减少外部利益相关方的逆向选择，甚至为凸显自身优势、提升企业价值，也可能自愿或有选择地开展信息披露，形成了特色各异的内部信息环境。具体到中国上市公司的内部控制活动，由于内部控制的设计与运行都由企业董事会负责，处于企业"黑箱"之中，具有较强的隐秘性（崔志娟，2011），因而内部控制质量难以为外部利益相关者获知。因此，投资者等利益相关者为了解企业内部控制有效性、进行风险评估，政府监管部门为掌握企业内部控制情况、开展监督工作，都迫切需要企业提供内部控制信息；上市公司为表明内部控制质量，也会自主地披露内部控制信息。但由于上市公司与投资者等外部利益相关方之间存在着严重的信息不对称，各类型股东拥有的信息量也存在差异，完全依靠上市公司自主披露可能导致内部控制信息分布极不均匀。因此，为了给市场参与者提供一个相对公平诚信的内部信息环境，上海证券交易所（以下简称"上交所"）和深交所从发布《关于做好上市公司2008年年度报告工作的通知》及之后的每个年度都要求沪深A股上市公司披露内部控制自我评估报告，且2010年4月五部委下发《评价指引》，要求沪深两市主板上市公司从2012年起披露内部控制评价报告，这标志着中国上市公司内部控制缺陷进入了相对规范的强制性披露监管阶段（林钟高和丁茂桓，2017）。2014年1月，证监会发布的《公开发行证券的公司信息披露编报规则第21号——年度内部控制评价报告的一般规定》（以下简称"证监会公告〔2014〕1号"）对内部控制重大缺陷及其整改信息的披露内容和格式做出了进一步要求。学者们普遍认为，内部控制缺陷信息是内部控制评价报告的核心内容（赵息和许宁宁，2013；石蕾等，2018），尤其是作为判断企业内部控制有效性的重要标识，内部控制重大缺陷的披露情况受到各利益相关方的重点关注。无论是五部委的《评价指引》，还是证监会公告〔2014〕1 号都要求企业在内部控制评价报告中披露内部控制重大缺陷及其认定标准、整改情况和整改计划。可见，从制度设计角度来讲，内部控制重大缺陷相关信息在中国上市公司信息披露工作中已经属于强制性披露内容，这为利益相关方提供了相对公平、统一的内部控制信息。但披露内部控制重大缺陷意味着企业内部控制无效、无法合理保证企业财务报告质量，可能加剧信息不对称，甚至引发负面市场反应，因此，即便在内部控制信息强制性披露阶段，企业内部控制信息披露情况也可能因管理层的选择性披露行为而存在差异。

从外部信息环境来看，一方面，信息中介不仅传递上市公司所披露的信息，同时通过深入挖掘和解读信息以尽可能降低企业内外部信息不对称，影响信息消费者决策，继而作用于上市公司投融资活动。由于中国上市公司披露的信息量与日俱增，且财务信息、非财务信息之间，及其各自内部相互冲突的情况常有发生，而大多数投资者或因缺乏信息分析的专业知识和能力，或者因信息搜集和分析成本太高，因而迫切需要信息中介的专业服务。信息中介可通过专业化的信息传递和解读服务为信息消费者节省信息搜集成本，提高决策效率，作出有利于企业长远发展的投资决策；但信息中介对投资者等信息消费者的决策影响也可能给上市公司带来过多的压力，引发上市公司短视行为。另一方面，投资者等信息消费者借助信息生成者和信息中介的信息活动，将其所获取的信息应用于实践中，实现信息的价值，因而信息价值的实现程度、信息不对称的缓解程度与信息消费者自身的理解能力和应用能力息息相关。如果信息消费者有较强的信息理解和使用能力，可以通过参与公司治理优化企业行为，促进企业发展；但如果信息消费者缺乏对信息的深入理解和使用，则可能因其过分追求眼前利益导致市场波动，破坏企业长期价值。

可见，企业内部控制重大缺陷披露作为内部信息环境的重要组成部分，为信息中介和信息消费者提供内部控制设计和运行情况信息，间接传递企业财务信息披露质量，是缓解信息不对称的重要环节，因而其披露情况具有一定的经济后果；而外部信息环境不仅被动接收内部控制信息，更可以通过进一步挖掘、解读和理解加工信息，做出能动反应，进而影响内部控制重大缺陷披露的经济后果。

3.1.2 委托代理理论

委托代理理论认为，代理关系产生于合同中的代理人代表委托人利益作出决策的过程，因此，只要在涉及授权的情况下都存在委托代理关系。由于委托代理双方之间目标函数不一致且存在信息不对称，因此，不可能要求代理人完全按照委托人的风险偏好行事，委托人只能采取措施以尽可能实现双方利益最大化，代理成本由此产生。代理成本包括委托人的监督成本、代理人的保证成本和剩余损失，三者之间此消彼长。具体到每一类委托代理关系中，代理成本表现各异。在股权代理关系中，存在着管理层与股东之间的代理成本，管理层可能为自身利益最大化开展经营管理活动，侵蚀股东利益（Jensen and Meckling，1976）；同时也存在着大股东与中小股东间的代理成本，当两者存在利益冲突时，大股东凭借自身控制权优势侵占中小股东利益（La Porta et al.，1999），且这种现象在中国等新兴市场中尤为突出（唐跃军和左晶晶，2014）。在债务代理关系中，一方面，股东可能利用负债这类"低风险"资金从事高风险投资活动，侵占债权人利益，因而理性的债权人为保障债权安全，通常在债务合同中增加附加条款，因此，债权人的监督成本和管理层的保证成本都有所增加。另一方面，企业中还存在规模代理成本，即当企业规模越大、组织形式越复杂时，企业内部信息传递失真的可能性越大，导致管理层担保成本上升，同时也给管理层和大股东谋取自身利益提供了便利，导致监督成本和声誉损失增加。

企业创新投资与其自主创新能力息息相关，是企业实现竞争战略的物质基础，因而对企业生存和发展意义重大；但与固定资产等投资活动相比，创新投资的不确定性高、风险大，稍有不慎就可能投资失败、血本无归，且创新活动往往涉及商业机密，因而在企业进行创新投资决策、开展创新投资活动时，可能因委托代理关系而存在较高的代理成本并引发融资约束，最终影响企业创新投入水平。具体而言，从股权代理关系来看，一方面，企业管理层考虑到自身职位安全、职业声誉以及薪酬考核等因素，通常不愿意进行创新投资，因为一旦创新失败，股东可能将责任归咎于管理层能力而忽视其他因素的影响，因此，即便企业拥有充足的自由现金流也可能出现在职消费或非创新活动的过度投资，不利于企业打造或维持核心竞争力，损害股东利益，导致代理成本上升；另一方面，在股权高度集中的情况下，大股东参与企业经营管理可以在一定程度上杜绝或减少"搭便车"行为，但大股东也可能借助控制权与现金流权分离，以较低的成本和风险安全地获取超额收益，因此，大股东可能缺乏动力开展需要大量、持续资金投入但风险较高的创新活动。可见，在股权代理关系中，由于大股东及其控制下的管理层都缺乏创新投资意愿，因而企业创新投资水平难以得到提升。从债务代理关系看，创新活动的高风险特征使得银行等债权人为避免或减少企业利用借贷资金从事创新活动给自身带来损失，不愿意为企业创新项目提供资金，或提出更高的抵押条件，或提高借款利息率；尤其在中国四大国有银行占据主导地位，股票、风险基金发展相对滞后的情况下，债权债务委托代理关系导致的融资约束严重制约着企业创新投入水平。因此，企业创新活动中存在的各类代理成本及由此引发的融资约束不利于企业提高创新投入水平。

上市公司信息环境可以通过缓解信息不对称，反映并影响企业创新投资活动中的代理成本和融资约束。从内部信息环境来看，上市公司信息披露为激励和监督管理层的契约拟订和执行奠定了有据可查的资料基础，同时也为中小股东监督控股股东行为提供了依据。因此，上市公司信息披露行为可以反映企业创新活动中存在的代理问题，同时也为投资者等信息消费者做出投资决策、优化监督策略提供了思路，并进而影响企业融资成本和代理成本。由此本书认为，内部控制重大缺陷披露作为企业内部信息环境的重要组成部分，不仅向外部信息环境输出企业内部控制有效性信息和企业风险管控能力信息，也会引发信息使用者的关注，进而影响大股东、管理层的代理行为和企业创新活动资金筹措能力。从外部信息环境来看，信息中介凭借其专业所长对上市公司披露的信息进行解读，对大股东及其控制下的管理层施加一定压力，可能会减少侵占委托方利益的行为，降低代理成本，也可能会促使大股东和管理层局限于短期利益而放弃长远发展，导致代理成本上升；而投资者等信息消费者在接收、分析和利用信息的过程中，可能提高理性决策水平，减少逆向选择，还可以积极参与公司治理活动，促使代理人认真履职，降低道德风险，因此，信息消费者资金供给决策的优化可能为企业创新活动带来融资便利，并会影响上市公司创新活动中的代理成本。

可见，创新活动中的委托代理问题导致代理成本和融资约束制约着企业开展创新投入的意愿和能力，而内外部信息环境可以通过缓解信息不对称应对这些问题。尤其是内部控制重大缺陷信息披露情况可以反映企业内部控制对资产安全、财务报告、经营合规与效率、战略目标实现的保证程度以及企业的风险管控能力，与企业创新投资活动中面临的代理问题、风险承担问题和融资问题息息相关。

3.1.3　信号理论

信号理论认为，在信息不对称普遍存在的情况下，具有信息优势的一方可以通过可见的行动将自身能力或产品价值传递给信息劣势一方，即通过制造或显示信号的方式证明自身市场能力，避免市场的不利选择，改进交易的帕累托效率。这一理论在企业信息披露行为中得到普遍应用：信号理论的创始人斯彭斯（Spence，1974）认为，在企业业绩突出、治理良好的情况下，企业管理层为解脱自身代理责任，或为企业争取更多的资源倾向于主动披露信息；鲍文等（Bowen et al.，1992）发现，企业管理层为影响投资者的判断可能选择信息披露的时间，因而上市公司信息披露行为遵从"好消息早，坏消息晚"的规律（Haw et al.，2000；陈汉文和邓顺永，2004）。可见，企业管理层可以通过主动披露信息、调整信息披露时间等方式发送"信号"，以影响利益相关者的决策。由此可以推断，即使政府监管部门对上市公司信息披露做出强制性要求，但在信号理论的作用下，企业内部信息环境也因代理人的动机选择行为而表现出一定复杂性。

由信号理论可知，在内部控制信息自愿披露阶段，披露内部控制信息本身具备信号传递作用（张瑶等，2016）；但进入内部控制信息强制性披露阶段后，投资者、债权人等信息使用者更多关注企业如何披露内部控制信息，尤其是标志着企业内部控制无效的重大缺陷披露情况。因此，管理层可能基于信号理论实施内部控制信息披露动机选择行为，导致在内部控制信息强制性披露背景下，内部控制重大缺陷披露情况较为复杂。一方面，由于人脑负面偏好机制的客观存在，内部控制重大缺陷披露往往引发企业股价下跌（Hammersley et al.，2008；Wu and Tuttle，2014），融资成本上升（Lambert et al.，2007；Kim et al.，2011；Costello and Regina，2011；王艺霖和王爱群，2014；林钟高和丁茂桓，2017），因此，企业管理层出于避免或减少该信息披露的负面市场反应、为大股东掏空行为提供便利以及自身职位安全等考虑，利用内部控制缺陷认定规范模糊不清的制度缺陷，并基于披露违规成本较低的现实情况，在内部控制重大缺陷披露中采取机会主义行为，即不披露、少披露、晚披露内部控制重大缺陷，或将内部控制重大缺陷披露为影响程度较低的重要缺陷、一般缺陷（崔志娟，2011；陈武朝，2012）。另一方面，尽管信号理论多聚焦于组织有目的、有计划地传递组织积极正面的信息，并认为内部人主动向外界披露负面信息的概率较小，但斯彭斯（1974）也指出，拥有信息优势的一方若能够主动披露真实的私人信息，交易的效率可以得到改善。因此，管理层内部控制重大缺陷披露动机选择行为并非都表现为不披露、少披露或晚披露等机会主义行为，也可能是为了组织声誉、卸载自身不必要的责任负担而开展的主观能动性行为。已有研究表明，管理层在内部控制重大（重要）缺陷披露中的机会主义行为并不能在短期内掩饰企业存在的问题，即采取机会主义选择性披露和真实披露内部控制重大（重要）缺陷均会引发股价下跌，甚至从长期来看，机会主义选择性披露会导致企业融资成本上升（王俊韡，2020）。因而企业管理层在长期的工作实践过程中可能意识到合法合规地披露内部控制重大缺陷及其相关信息可能更有利于充分发挥信号传递作用，因而采取主动披露内部控制重大缺陷及其整改信息等主观能动性行为（He et al.，2019；吴秋生和郭飞，2020）。

可见，同样为组织利益和自身利益考虑，管理层在内部控制重大缺陷披露过程中可能采取机会主义行为或主观能动性行为两种截然不同的披露方式，因而内部控制重大缺陷披露的经济后果可能受到管理层内部控制重大缺陷披露动机选择行为的影响。这也从侧面反映出，管理层内部控制信息披露动机选择行为带来的内部信息环境复杂性需要外部信息环境的协调配合，才能够更好地缓解信息不对称、提高市场运行效率。

3.1.4　理论基础小结

上述理论为本书研究奠定了扎实的理论基础：信息不对称理论表明资本市场中普遍存在的信息不对称可能引发逆向选择和道德风险，导致交易的帕累托最优难以实现，而内外部信息环境协调发展有助于缓解这些问题，提高交易效率；委托代理理论揭示了企业创新活动面临的突出问题，并指出了企业内外部信息环境应对这些问题的作用；信号理论阐明了上市公司内部信息环境复杂性的原因，从侧面反映出外部信息环境与内部信息环境相互配合的必要性。

具体到内部控制重大缺陷披露与企业创新投入的关系中，资本市场上普遍存在的信息不对称所引发的逆向选择和道德风险降低了市场效率，加之上市公司中类型各异的代理问题以及创新投资的特征，导致创新投资活动中的风险承担问题和代理成本比固定资产等一般投资项目更为突出，面临的融资约束也相对更高，而内部控制设计与运行能否有效应对创新活动的代理问题、管控创新风险都难以为利益相关者获知。因此，上市公司想要通过内部控制促进企业创新、赢得持续竞争优势、实现战略目标，投资者、政府等利益相关者要想了解企业内部控制运行情况，确保自身利益、开展监督活动，就需要企业披露内部控制信息，尤其是能够反映内部控制有效与否的重大缺陷情况，以减少企业与外部信息使用者之间关于内部控制有效性的信息不对称。但考虑到内部控制重大缺陷披露的信号传递作用，上市公司管理层在披露该信息的过程中会因组织利益或个人私利采取动机选择行为，导致内部信息环境呈现出一定复杂性。由于内因是事物发展的根本原因，因此，揭示管理层内部控制重大缺陷披露动机选择行为对内部控制重大缺陷披露与企业创新投入关系的影响，有助于深刻理解两者关系的内在形成机理。与此同时，正是由于内部信息环境的复杂性，更需要外部信息环境协调配合，充分发挥信息中介的信息传递和解读作用，激发信息消费者参与公司治理的热情，以更好地推动企业提升创新投入水平。为此，后文将在探究内部控制重大缺陷披露对企业创新投入总体影响的基础之上，进一步考察管理层内部控制重大缺陷披露动机选择行为对两者关系的调节作用，以揭示内部控制重大缺陷披露对企业创新投入的内在影响机制，并分析在不同的外部信息环境中两者关系的变化。

3.2　研　究　框　架

　　为更好地指导后文的研究工作，首先，从企业战略目标实现的角度明确内部控制重大缺陷披露与企业创新投入的内在联系及其影响因素；其次，通过对内部控制重大缺陷披露制度与现状的梳理和分析，探寻管理层内部控制重大缺陷披露动机选择行为的突出表现；再次，通过比较外部信息环境主体的特点，确定关键外部信息环境变量；最后，构建本书的研究框架。

3.2.1　内控重大缺陷披露与企业创新投入的内在联系及其影响因素

关于内部控制的目标，学者们基于不同学科视角进行了阐释：从管理学视角来看，内部控制的目标不应仅仅停留在保证财务报告的可靠性，更应服务于企业价值创造（李心合，2007）；从仿生学视角来看，内部控制是企业这一有机体的长寿基因，其目的不仅在于找出企业当前存在的弊病，还要培育未来的发展能力，增强企业影响力（杨雄胜，2006）；从工程学视角来看，内部控制的设计和运行应致力于减少资源耗费、降低风险水平并提高组织效益（杨周南和吴鑫，2007）。可见，虽然学科切入角度不同，但理论界普遍认为，内部控制应当以提升企业价值、促进企业可持续发展为目标。在内部控制实践中，2008 年 5 月，五部委制定的《基本规范》及随后发布的配套指引已成为中国上市公司建立并完善内部控制制度的纲领性文件，其中明确指出：内部控制的目标是合理保证企业经营管理合法合规、资产安全、财务报告及相关信息真实完整，提高经营效率和效果，促进企业实现发展战略。可见，战略目标作为企业内部控制的最高目标和终极目标已得到理论界和实务界的普遍认可（李维安和戴文涛，2013），内部控制成为企业可持续发展、实现战略目标的制度保障。

企业战略是企业为实现发展对未来长期经营活动进行的谋划，目标在于帮助处于竞争环境中的企业吸引并满足顾客以获取成功，该目标的实现有赖于各业务层面竞争战略的实施（Stephen and Mary，2012）。根据波特（Porter，1980）关于企业竞争战略必要条件的讨论，任何一种竞争战略都离不开技术创新，且资源基础观也认为创新有助于企业获取持久竞争优势（Wernerfelt，1984）。可见，技术创新已成为企业战略目标实现的战术核心，因而处于创新活动链条前端的创新投入是企业战略目标实现的物质基础。因此，从企业战略目标实现的角度来看，内部控制与创新投入具有内在关联，内部控制是否有效关系到企业能否顺利开展创新活动，影响着企业创新投入水平的高低。

《评价指引》中将内部控制重大缺陷定义为一个或多个控制缺陷的组合，其严重程度可能导致企业严重偏离控制目标。以内部控制是否存在重大缺陷判定内部控制有效性是发达国家的通行做法，也是比较合理、有效的做法。首先，"缺陷有效观"更好地诠释了内部控制是一个整体框架的要求，克服了厦大指数和 DIB 指数假定内部控制一定程度有效或部分有效等不符合内部控制整合框架的缺陷；其次，"缺陷有效观"更有利于指导实务工作，相较于以内部控制制度改革或 DIB 指数测度内部控制质量，"缺陷有效观"有助于企业认清内部控制中存在的问题，及时改进内部控制工作，保持内部控制系统持续有效运行；再次，"缺陷有效观"更契合利用内部控制保证企业目标实现的要求，"缺陷有效观"以是否存在"可能导致企业严重偏离控制目标"的重大缺陷判定内部控制有效与否，不仅提高了内部控制有效性的辨识度，而且遏制了过度追求内部控制有效程度所引发的管理层过度规避风险的问题，这对企业积极开展高风险的创新活动尤为重要；最后，"缺陷有效观"基于内部控制自身设计与运行情况直接评价内部控制有效性，可以避免以 DIB 指数等过度依赖结果评价内部控制质量的问题（倪静洁和吴秋生，2020）。根据"披露即存在"的判定条件（Ashbaugh-Skaife et al.，2007）以及内部控制设计与运行的隐秘性特征，内部控制重大缺陷披露已成为利益相关方判断内部控制目标实现可能性最有效的途径，是内部控制信息披露工作的核心（杨程程，2016）。因此，内部控制重大缺陷披露情况能够更加可靠地体现企业战略目标实现制度保障的坚实程度，必然与企业创新投入水平存在内在联系，而内部控制重大缺陷披露对企业创新投入的总体影响效应及其作用机理还有待深入研究。

企业所处的信息环境包括企业信息披露行为构成的内部信息环境和由信息中介、信息消费者组成的外部信息环境，内外部信息环境相互作用、协调配合有助于提高市场效率（陈君兰，2013）。一方面，由于内部控制重大缺陷披露是以内部控制重大缺陷存在为前提，在管理层动机影响下发现并披露的过程（Ashbaugh-Skaife et al.，2007），因此，考虑到管理层的动机选择行为导致作为企业内部信息环境重要组成部分的内部控制重大缺陷披露情况较为复杂，单纯研究内部控制重大缺陷披露与否对企业创新投入的影响无法揭示两者关系的内在形成机制，难以有效指导企业提高内部控制信息披露水平、促进企业实现创新发展。为此，本书在研究内部控制重大缺陷披露与企业创新投入基本关系的基础上，进一步考察管理层内部控制重大缺陷披露动机选择行为对基础关系的调节作用，以揭示基本关系的内在机制。另一方面，企业财务行为的效率、效果受信息不对称程度的制约（Myers and Majluf，1984），内部信息环境与外部信息环境相互协调能够更好地缓解信息不对称，增进信息使用者对企业经济活动的理解，抑制企业管理层潜在的自利动机（梁上坤，2017），降低企业对内部资金来源的依赖和外部融资渠道对企业投资活动的约束（张纯和吕伟，2009）。因此，为了使研究结论更切合实际环境，更具有实践指导意义，本书还进一步探讨外部信息环境对内部控制重大缺陷披露与企业创新投入关系的调节作用。

3.2.2　管理层内部控制重大缺陷披露动机选择行为的突出表现

为缓解信息不对称，为信息使用者提供一个相对公平的信息环境，各国政府监管部门都对企业信息披露作出强制性规定，但在披露及时性和内容完整性等方面给企业留有选择余地，导致信息披露工作属于形式上的"强制"，实质上的"自愿"（王惠芳，2009）。比如，已有研究发现，在披露时间选择上，越早披露信息，市场反应越积极，并可以降低投资者被其他信息误导的概率，而延迟披露可能会改变市场反应的性质（Bowen et al.，1992），因此，上市公司可能采取相机披露策略，谋求最佳披露时间（Chambers and Penman，1984）；在披露内容选择上，企业为增配股的顺利进行，除按照强制性信息披露要求披露规定的项目之外，还会主动披露关于自身核心竞争力的信息或补充披露管理层目标、公司治理效果等信息，以增强投资者信心（王雄元和王永，2006）。可见，由于信息披露具有经济后果，上市公司在强制性披露背景下也可能采取选择性信息披露行为。

具体到企业内部控制重大缺陷披露工作中，为促进企业全面评价内部控制设计与运行工作，规范内部控制信息披露，2010 年 4 月，五部委联合下发《评价指引》，要求从 2012 年起沪深两市主板上市公司应对外报送内部控制评价报告，这标志着中国上市公司内部控制信息披露进入强制性变迁阶段（林钟高和丁茂桓，2017）。《评价指引》中规定企业内部控制评价报告至少应披露关于内部控制重大缺陷的认定、整改情况以及未来整改计划等信息，并明确规定企业应以 12 月 31 日为年度内部控制评价报告基准日，且于基准日后的 4 个月内报出内部控制评价报告。2014 年 1 月，证监会为规范公开发行证券公司的内部控制信息披露行为，发布证监会公告〔2014〕1 号，要求所有在中国境内公开发行证券并在证券交易所上市的股份有限公司均应披露年度内部控制评价报告，并指出该公告中的披露规则为年度内部控制评价报告披露的最低要求。在证监会公告〔2014〕1 号文中，关于内部控制重大缺陷披露的规定比之于《评价指引》更为具体和详细，且规定了公司董事会、监事会及董事、监事、高级管理人员的披露义务和责任。然而，尽管中国内部控制重大缺陷信息披露已进入强制性披露阶段，但企业管理层考虑到内部控制重大缺陷披露带来的股价下跌、融资成本上升、高管薪酬下降及职位变更等不利于企业和自身发展，甚至影响企业持续经营能力的经济后果，在实际披露过程中仍存在隐瞒内部控制重大缺陷的动机（崔志娟，2011；陈武朝，2012）；与此同时，相关法规关于内部控制缺陷认定标准的缺失（丁友刚和段然，2020）及长期以来信息披露违规处罚力度不够①，为企业管理层隐瞒重大缺陷提供了空间和"胆量"，为管理层实施内部控制重大缺陷披露机会主义行为提供了便利。借鉴方红星和戴捷敏（2012）的研究，本书认为，在当前中国制度背景下，驱动企业选择性披露内部控制重大缺陷的动机主要包括：第一，大股东及其控制下的管理层自身利益；第二，企业融资需求；第三，企业声誉；第四，代理成本。由此导致的管理层内部控制重大缺陷披露机会主义行为可能有：为避免或降低内部控制重大缺陷披露对管理层薪酬和职位安全、上市公司融资活动和组织声誉带来的不利影响，管理层实施不披露、少披露、晚披露内部控制重大缺陷。与此相对应的管理层内部控制重大缺陷披露主观能动性行为可能有：管理层考虑到年度财务报告审计、财务重述、内部控制审计以及违规处罚可能暴露企业存在的内部控制重大缺陷，选择在这些信息公布之前主动在内部控制评价报告中披露重大缺陷，或即使未有迹象表明企业存在内部控制重大缺陷，但在内部控制评价报告中主动披露该类型缺陷，即通过主动承认错误的方式争取投资者等利益相关者的"原谅"，并借此树立企业诚实守信的形象，以避免迹象暴露后的被动披露导致更大程度的负面影响；尽可能详细披露与内部控制重大缺陷相关的信息，如缺陷内容、产生时间、类别、整改信息以帮助信息使用者深入了解内部控制重大缺陷，降低未来不可知的风险以缓解融资约束，并凸显管理层对内部控制重大缺陷情况的把握程度，促使利益相关方确信企业能够整

---

① 由于本书研究时间为2012~2019年，因此，参照2019年修订前的法律规定。查询1998年12月29日颁布的《证券法》直至2019年12月28日修订之前关于信息披露义务人法律责任的相关条款，对于发行人、上市公司或者其他信息披露义务人未按照规定披露信息（或报送有关报告），或者所披露的信息（或报告）有虚假记载、误导性陈述或者重大遗漏的，责令改正，给予警告，并处以三十万元以上六十万元以下的罚款。对直接负责的主管人员和其他直接责任人员给予警告，并处以三万元以上三十万元以下的罚款。发行人、上市公司或者其他信息披露义务人的控股股东、实际控制人指使从事前两款违法行为的，依照前两款的规定处罚。

改缺陷、提高内部控制质量；及时披露内部控制重大缺陷，降低信息不对称给外部信息使用者带来的信息搜寻、沟通等监督成本，避免投资者为其他渠道的负面信息所左右、减少投资者疑虑。可见，尽管动机类似，但是在具体实施内部控制重大缺陷披露工作的过程中，企业管理层的动机选择行为可能有截然相反的表现。

那么，在内部控制信息强制性披露背景下，企业管理层内部控制重大缺陷披露动机选择行为有哪些突出表现？本书对 2012～2019 年中国沪深两市上市公司内部控制重大缺陷披露情况进行了统计（如表 3－1 和图 3－1 所示）。从表 3－1 中可以看出：进入内部控制信息强制性披露阶段后，大部分上市公司都披露了内部控制评价报告和内部控制重大缺陷认定标准，但是披露内部控制重大缺陷的上市公司较少，通过比较列⑦和列⑧可以发现，存在部分上市公司有内部控制重大缺陷迹象但并未在内部控制评价报告中披露该类型缺陷的情况。通过查阅 2012～2019 年《我国上市公司实施企业内部控制规范体系情况分析报告》①可以发现，内部控制评价报告中关于内部控制重大缺陷披露存在的问题集中于内部控制缺陷认定标准和整改两个方面，尽管表 3－1 表明绝大多数披露内部控制重大缺陷的上市公司都披露了缺陷认定标准，但是大多数内部控制重大缺陷的认定标准披露并不详细，存在定量标准与定性标准仅披露一种，或简单引用《企业内部控制审计指引》（以下简称《审计指引》）第二十二条中关于内部控制重大缺陷定性标准的定义等问题；且大多数上市公司虽披露了内部控制重大缺陷整改计划、整改措施，但有效整改的比例较低。从图 3－1 中看出，含内部控制重大缺陷的内部控制评价报告发布时间多集中在每年 4 月及以后，且随着缺陷严重程度的下降，内部控制评价报告披露及时性有所增强。由此可以发现，中国上市公司内部控制重大缺陷披露存在的突出问题有：部分上市公司为避免或降低内部控制重大缺陷披露的负面影响可能采取了不披露、少披露或者弱化披露内部控制重大缺陷的机会主义行为；上市公司对内部控制重大缺陷整改工作的重视程度参差不齐，只有少部分上市公司

① 每年具体名称有所不同，2012～2014 年名称为《我国上市公司××××年实施企业内部控制规范体系情况分析报告》，2015～2018 年名称为《我国上市公司××××年执行企业内部控制规范体系情况分析报告》，2019 年为《上市公司 2019 年执行企业内部控制规范体系情况蓝皮书》。

能够在内部控制重大缺陷披露当期完成整改；尽管大部分上市公司都能在规定时间内完成内部控制重大缺陷披露工作，但依然存在"好消息早，坏消息晚"的情况。因此，后文将从内部控制重大缺陷披露主动性、整改信息的披露情况以及披露及时性三个方面讨论管理层内部控制重大缺陷披露动机选择行为对内部控制重大缺陷披露与企业创新投入关系的影响。

表3－1　　2012～2019年沪深上市公司内部控制重大缺陷披露和存在迹象

年度	披露内部控制评价报告的上市公司数量①	披露内部控制重大缺陷的上市公司数量②	未披露重大缺陷认定标准的上市公司数量③	上市公司总数④	存在内部控制重大缺陷迹象的上市公司数量⑤	披露内部控制评价报告的比例⑥＝①/④（%）	披露内部控制重大缺陷的比例⑦＝②/①（%）	存在内部控制重大缺陷迹象的比例⑧＝⑤/④（%）
2019	3 642	139	0	3 794	914	95.99	3.82	24.09
2018	3 456	123	0	3 584	1 014	96.43	3.56	28.29
2017	3 245	69	0	3 485	720	93.11	2.13	20.66
2016	2 930	42	0	3 050	680	96.07	1.43	22.30
2015	2 678	36	0	2 827	708	94.73	1.34	25.04
2014	2 571	39	0	2 613	571	98.39	1.52	21.85
2013	2 312	31	15	2 489	606	92.89	1.34	24.35
2012	2 244	8	269	2 492	628	90.05	0.36	25.20

注：列⑤根据《审计指引》第二十二条统计当年存在内部控制重大缺陷迹象的上市公司总数。

资料来源：作者根据2012～2019年《我国上市公司实施企业内部控制规范体系情况分析报告》以及国泰安（CSMAR）、万得（Wind）和迪博（DIB）数据库披露数据整理所得。

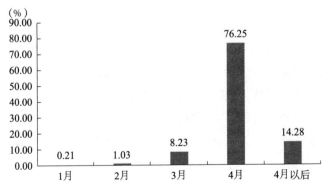

（a）2012～2019年沪深上市公司内部控制重大缺陷（含同时披露非重大缺陷）
披露时间分布

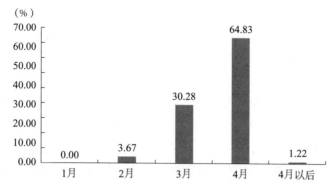

（b）2012～2019 年沪深上市公司内部控制重要缺陷（含同时披露一般缺陷）
披露时间分布

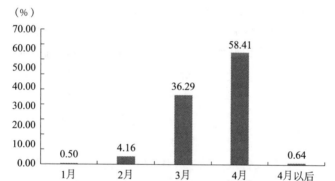

（c）2012～2019 年沪深上市公司内部控制一般缺陷（仅含一般缺陷）
披露时间分布

图 3 - 1　2012～2019 年沪深上市公司内部控制缺陷

注：图中的数据标签值为 2013～2020 年某月披露的上一年度（即 2012～2019 年）含某类型缺陷的内部控制评价报告个数与含该类型缺陷的内部控制评价报告总数之比。

资料来源：作者采用 Excel 软件绘制，相关原始数据来自迪博（DIB）和万得（Wind）数据库。

3.2.3　外部信息环境构成主体选择

上市公司内外部信息环境相互作用，是一个有机整体，因而要缓解资本市场信息不对称，不仅需要营造良好的内部信息环境，还需要外部信息环境的协调配合。从微观角度来看，外部信息环境包含了信息中介和信息消费者（Sami and Zhou，2008）；从宏观角度来看，外部信息环境还包括信息基础设施、信息法规等要素（陈君兰，2013）。由于本书研究内部控制重大缺陷披露与企业创新投入的关系，因而选择与企业行为紧密联系的微观外部信息环境。

证券市场上，信息中介是联结信息生产者和消费者的桥梁，包括审计师、分析师、媒体、信用评级机构等；信息消费者主要是指投资者。在信息中介中，分析师是证券市场上专业的咨询分析人员，其信息收集和分析能力均强于一般的投资者，不仅能以低成本发掘上市公司私有信息，还能够帮助鉴别和传递企业披露的信息，因而可以向市场参与者提供合理反映证券内在价值的价格信息，降低证券市场价格偏离程度，提高市场效率（张纯和吕伟，2009）。媒体具有专业化的信息传播模式、团队和技术，因而媒体对上市公司的关注有助于降低利益相关者的信息获取成本，且媒体的信息揭露功能容易引起监管层注意，进而加强对管理层的约束，并通过传递信息、发表评论影响管理层声誉，迫使管理层调整行为模式。然而，分析师和媒体虽有助于缓解信息不对称，提高市场运行效率，但两者对上市公司高管施加的压力以及媒体追求的"轰动"效应也可能导致管理层短视、加剧代理问题，扰乱投资者判断。审计师作为重要的信息中介，其提供的审计信息对于维护证券市场平稳运行，提高资源配置效率十分重要，但由于审计师受聘于企业，审计定价是供需双方议价的综合结果，因而审计师独立性制约了其信息中介功能的发挥，且与分析师和媒体相比，审计师多关注企业的财务报告信息质量，因而其信息中介作用相对有限。信用评级机构通过向市场参与者提供评级信息，提高信息传递效率，进而提高了市场估值效率和政府监管效率，但是其评级对象主要是公司债券和地方债券，因而其信息中介作用范围有限。此外，声誉约束机制是信用评级行业有效运行的重要保障，而中国信用评级行业监管工作长期由官方主导，声誉约束机制作用得不到有效发挥，导致其信息中介作用效力欠缺。在信息消费者中，自 2000 年中国证监会提出"超常规发展机构投资者"以来，机构投资者队伍迅速壮大，据万得（Wind）数据库显示，A 股上市公司机构投资者持股比例均值从 2000 年的 0.5% 上升到 2019 年的 34%，与散户相比，机构投资者资金运营规模更大，并能够借助与上市公司、研究机构和监管部门之间的密切联系更迅速地获取第一手资料，信息处理的专业化程度更高（陈君兰，2013），已逐渐成为证券市场的主导力量，发挥着"市场稳定器"的作用；但也可能因羊群效应和噪声交易行为加剧市场波动。

因此，为考察内部控制重大缺陷披露与企业创新投入关系在不同外部信息环境中的差异，更好地推动内外部信息环境协同共促企业创新发展，本书选择分析师关注、媒体关注和机构投资者持股刻画外部信息环境。具体理由如下：一方面，分析师、媒体和机构投资者是当前学术界公认的影响企业外部信息环境的重要因素。如阿列克桑扬（Aleksanyan，2009）认为，上市公司信息环境是由价格敏感性信息组成的集合体，除上市公司自身对外披露的信息外，还包括分析师和媒体向市场披露的信息；凯利（Kelly，2014）则从交易价格、流动性、信息成本等方面研究信息环境质量并发现，较差的信息环境具有机构投资者持股比例低、分析师关注少等特征；费尔南德斯和费雷拉（Fernandes and Ferreira，2008）认为，在新兴市场国家，信息披露和媒体报道都具有驱逐私有信息的作用；朗热等（Langet et al.，2003）指出，分析师跟踪人数是企业外部信息环境的指示器；国内学者如张纯和吕伟（2009）、孔东民等（2013）、吴战篪和李晓龙（2015）等均以分析师关注、媒体关注和机构投资者持股作为外部信息环境的代理变量。另一方面，已有研究发现，分析师关注有助于提高内部控制质量（胡川等，2020），但因"压力假说"和"解读机制"对企业创新投资的作用可能完全相反（He and Tian，2013；谢震和艾春荣，2014；戴国强和邓文慧，2017）；媒体关注在提高企业内部控制缺陷整改效率（陈泽艺和李常青，2019）的同时，可能诱发管理层短视行为，不利于企业创新投入，但区分媒体报道的内容、来源、严重性和深入程度发现，媒体关注对企业创新投入的作用不能一概而论（杨道广等，2017）；机构投资者持股有助于提升内部控制缺陷披露真实性（张瑶和郭雪萌，2014；陈艳利和乔菲，2015），并能抑制内部控制缺陷的产生（董卉娜和何芹，2016；李越冬和严青，2017），但其对企业创新投资活动的影响并未得出一致结论（赵洪江和夏晖，2009；王斌等，2011；温军和冯根福，2012；肖利平，2016）。因此，分析师关注、媒体关注和机构投资者持股如何影响内部控制重大缺陷披露与企业创新投入的关系是十分值得探讨的问题。

3.2.4　研究框架的构建

内部控制是企业战略目标实现的制度保障，技术创新是企业战略目标实现的战术核心，而内部控制重大缺陷披露是判别内部控制有效性的可靠信号，创新投入是技术创新的物质保障，两者之间存在着内在联系，因而有必要对两者的关系及其路径机理展开研究，以更好地促进企业创新发展、实现战略目标。然而，即使在内部控制信息强制性披露背景下，内部控制重大缺陷披露也因管理层动机选择行为在披露主动性、整改信息披露和披露及时性上存在较大差异，导致作为内部信息环境重要组成的内部控制重大缺陷披露情况十分复杂，这是否会影响内部控制重大缺陷披露与企业创新投入的关系，因而研究管理层内部控制重大缺陷披露动机选择行为对基础关系的影响有助于揭示内部控制重大缺陷披露对企业创新投入影响形成的内在机制；内外部信息环境协调发展有助于提高市场效率，因而有必要研究作为外部信息环境重要组成的分析师、媒体和机构投资者是否影响内部控制重大缺陷披露与企业创新投入的关系，帮助理解基础关系的外部信息环境影响机制，提高研究结论的实践价值，更好地促进企业创新发展。因此，为了更好地对上述问题展开实证研究，本书构建了如图 3 - 2 所示的研究框架图。

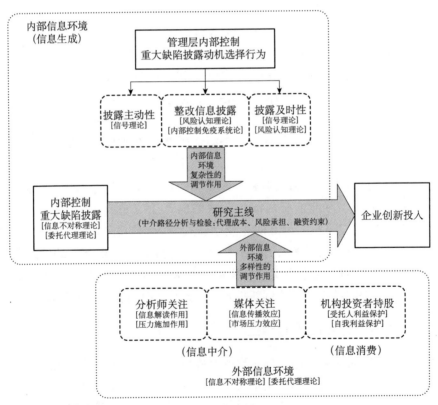

图 3 - 2　研究框架

资料来源：作者采用 Visio 软件绘制。

第4章 内部控制重大缺陷披露对企业创新投入的总体影响

作为企业可持续发展的必要条件,创新是企业形成并维持核心竞争力的关键,因此,创新是企业竞争战略的核心要素(Porter, 1980)。然而创新投资的高度不确定性,不仅导致企业管理者在制定创新投资决策时踌躇不前,而且使得企业在创新投资活动中面临着较高的融资约束。内部控制是在全面风险管理的指引下,将保证企业实现发展战略作为最终目标(杨瑞平,2010),其有效性关系到企业战略实施中的风险管控是否得当,进而影响企业创新投入。内部控制重大缺陷披露是判定企业内部控制有效性的国际通行办法,也是传递内部控制有效性的可靠信号,本章分析论证内部控制重大缺陷披露对企业创新投入的总体影响,提供关于两者关系的可靠结论,并进一步考察其中的路径机理,为后文的调节机制分析奠定基础。

4.1 理论分析与假设提出

根据信息不对称理论,由于内部控制的设计与运行由企业董事会负责,并由其领导下的管理层具体实施,因此,内部控制信息披露成为利益相关者判断企业内部控制质量、风险管控成效的重要依据。而五部委发布的《评价指引》中明确指出,若企业内部控制存在重大缺陷则表明其内部控制无效。因此,企业治理层和管理层为减少"家丑外扬"带来的负面影响,通常情况下不愿意披露内部控制重大缺陷(池国华和王钰,2018)。但在内部控制信息强制性披露监管要求下,企业治理层和管理层可能因制度约束迫不得已披露内部控制中存在的重大缺陷。因而披露内部控制重大缺陷的企业必然存在不能合理保证内部控制目标实现的重大缺陷(Ashbaugh-Skaife et al.，2007），即内部控制处于无效状态。而那些没有披露内部控制重大缺陷的企业，有的可能隐瞒了重大缺陷，更多的可能确实没有重大缺陷，即这类企业整体的内部控制质量高于披露重大缺陷的企业（田高良等，2010；张超和刘星，2015）。下文将分别从内部控制重大缺陷披露对企业创新意愿和创新能力的影响两个方面具体分析其对企业创新投入的总体影响。

一方面，从内部控制重大缺陷披露对企业创新活动意愿的影响来看，由于治理层和管理层通常囿于制度约束被迫披露内部控制重大缺陷，因而该信息的披露通常表明企业内部控制处于无效状态，无法合理有效的管控企业创新风险、抑制创新活动中的代理问题，且其披露可能导致更多的利益相关者关注，给企业管理层带来巨大压力，进一步削弱企业创新活动意愿，抑制创新投入水平。

通常来讲，有效的内部控制可以立足于企业战略层面，从系统整合的角度将内部控制五要素有机地融入企业创新发展之中。具体而言，良好的内部控制环境能够识别创新在企业战略中的地位，营造有利于企业开展创新活动的制度环境和文化氛围，通过有效的制衡机制和激励手段约束管理层代理行为、促使其积极开展创新活动（周雪峰和左静静，2019），于无形中结合其他内部控制要素共同推动企业创新。而有效的风险评估能够识别和权衡影响创新活动的各类风险，确定适当的风险容限，针对不同风险制定差异化应对策略，提高企业创新风险应对能力，为控制活动和内部监督提供正确引导（倪静洁和吴秋生，2020）；适度的控制活动通过预算控制向员工传达组织的创新风险承受能力（张娟和黄志忠，2016），通过不相容职务分离控制和授权审批控制避免创新投资决策中责任界定不清、推诿扯皮等现象（周雪峰和左静静，2019）；有效的内部监督能够在战略制定和执行过程中确保创新活动按计划稳步推进、及时进行评价反馈，通过日常监督与控制活动相互配合，将其他内部控制要素促进企业创新活动的主旨落实、落细，并为提高创新风险识别与应对策略制定水平提供实践经验（倪静洁和吴秋生，2020）；高效的信息与沟通作为内部控制其他要素互动的纽带，通过信息收集与传递提高其他内部控制要素对创新风险的管控效率，有助于企业根据环境变化动态调整创新战略，增进利益相关方对创新项目的理解与支持，提高监督代理问题的效率（张娟和黄志忠，2016），即后四个内部控制要素相互配合，对营造良好的控制环境起到积极的反哺作用。内部控制五要素相互关联、彼此交融，共同应对创新活动中的风险以及可能存在的代理问题，进而促进企业创新投资水平的提升（倪静洁和吴秋生，2020）。

而在无效的内部控制中，任何内部控制要素设计或运行中存在的重大缺陷都会提高企业的风险水平（Hogan and Wilkins，2008），难以有效应对创新活动中的代理问题，使企业无法有效开展创新活动。从内部控制设计角度来讲，内部控制五要素在设计环节存在重大缺陷意味着内部控制功能先天不足，任何一个内部控制要素出现问题，都可能影响其整体功能的发挥，无法合理保证企业制定并实施创新战略，不利于企业增加创新投入。比如，若控制环境建设中未能建立起合理的组织架构，则无法有效应对创新活动中的代理问题，破坏其他内部控制要素的运作效率；若风险评估未能全面评估创新风险，则会导致企业风险容量不足，控制活动过于严密，进一步破坏创新环境，阻碍创新项目开展；若控制活动中未能对创新投资项目实施集体决策审批或联签制度，内部监督仅注重监督与财务报告相关的控制活动，忽略非财务报告内部控制活动，信息与沟通环节未能建立举报投诉和举报人保护制度，都可能导致内部控制难以有效应对管理层舞弊，为大股东和管理层开展自利行为提供可乘之机，减少创新投资决策，并进一步破坏企业创新环境。从内部控制运行上来看，由于企业战略的长期性（Porter，1980）和应变性（Mintzberg and McHugh，1985）特征不仅需要内部控制在一定时期内持续有效地运行，以保障企业取得阶段性创新成果，进而激发企业创新热情、增加创新投入，还要求内部控制五要素能够相互作用、共同运行，以保证企业能够根据环境变化动态调整风险管控措施，始终将创新投入维持在合理的水平。因此，若一个或多个内部控制要素无法持续运行，创新活动进程就可能延缓甚至中断；若一个或多个内部控制要素无法与其他要素共同运行，企业的风险承担能力将因"短板效应"而降低，不能适时调整创新活动，导致创新投入减少。由此可以推断，与未披露内部控制重大缺陷的企业相比，披露内部控制重大缺陷的企业股权代理成本更高、风险管控水平相对较低，导致企业不愿也难以承受创新活动带来的风险，因而不利于企业创新战略的制定与实施，对企业创新投入产生不利影响。

内部控制重大缺陷披露还可能引起新闻媒体、分析师等信息中介以及政府监管部门的关注，给企业管理层造成巨大压力（田高良等，2016；

Yu，2008），导致管理层因担心自身薪酬水平和职位升迁受到市场负面反应的影响，更着意于短期获利项目，以尽可能消除或降低内部控制重大缺陷披露导致的销售业绩下降、陷入财务困境概率增大等不利影响（Su et al.，2014；林钟高和陈曦，2016），进而放弃准备开展或暂停已经开始的高风险创新活动，减少创新投入。可见，与未披露内部控制重大缺陷的企业相比，披露内部控制重大缺陷引发的外部关注及由此带来的市场压力可能进一步抑制管理层的创新活动意愿，更加不利于企业创新投入水平的提高。

另一方面，从内部控制重大缺陷披露对企业创新活动能力的影响来看，内部控制重大缺陷的披露表明企业自身持续经营能力存在问题，难以通过内源融资方式为企业创新提供资金支持，且作为负面信息的内部控制重大缺陷一经披露会引发市场的消极反应，企业融资成本急剧上升，无法从外部获取持续、充足的创新资金，导致企业没有能力开展创新投资活动。

从内部控制信息披露实务工作中可以发现，确实存在少部分企业晚于内部控制重大缺陷迹象暴露时间披露内部控制重大缺陷（He et al.，2019；吴秋生和郭飞，2020），或已有迹象表明内部控制存在重大缺陷，但内部控制评价报告中未进行披露（王俊韡，2020），即内部控制重大缺陷披露工作中存在"家丑不可外扬"的非主动披露情况。这可能表明非主动披露内部控制重大缺陷的企业其持续经营能力确实存在较大问题，现金流难以维持日常经营，也没有能力整改重大缺陷，更惧怕内部控制重大缺陷披露会加重企业财务困境，因而这类企业本就没有能力开展创新投资活动。当然，非主动披露也可能是由于治理层和管理层的责任心不强、诚信度不高等短视行为所致（许宁宁，2019），而当那些能够体现出内部控制重大缺陷的各种行为被分析师报告、媒体报道、证监会及相关部门处罚文件和内部控制审计报告等传递给投资者等利益相关者时，这种不诚信行为引发的市场消极反应往往比重要缺陷和一般缺陷更加强烈（Hammersley et al.，2008），企业创新资金的获取难度更大，创新投入水平可能更低。已有经验证据表明，与未披露内部控制缺陷的企业相比，披露内部控制缺陷会引发剧烈的市场负面反应，导致股价下跌（Hammersley et al.，2008；Wu and Tuttle，2014）、融资成本上升（Lambert et al.，2007；Kim et al.，2011；Costello and Regina，2011；王艺霖和王爱群，2014；林钟高和丁茂桓，2017），且企业面临的融资约束随着披露的内部控制缺陷严重程度加深而增大（顾奋玲和解角羊，2018）。可见，内部控制重大缺陷的披露会导致企业面临的融资约束水平急剧上升，难以从外部获取充足的资金支持创新活动。由此可以推断，披露内部控制重大缺陷的企业难以通过内源融资加大创新投入，且其面临的外部融资约束因内部控制重大缺陷的披露而收紧，导致企业难以获取充足的资金开展创新活动，抑制了企业创新投入。

基于以上分析，本书提出以下假设：

H4－1：相较于未披露内部控制重大缺陷的企业，披露内部控制重大缺陷的企业在披露该信息之后创新投入水平更低。

本节的逻辑关系如图 4－1 所示。

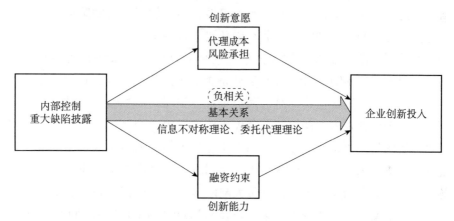

图 4－1　内部控制重大缺陷披露对企业创新投入的总体影响逻辑关系

资料来源：作者采用 Visio 软件绘制。

4.2　研　究　设　计

4.2.1　样本选择与数据来源

考虑到中国上市公司自 2012 年进入内部控制信息强制性披露阶段（林钟高和丁茂桓，2017），此后的内部控制信息披露更为规范和可靠，因此，本书选取 2012～2019 年中国沪深 A 股上市公司为研究样本，企业内部控制重大缺陷披露数据来源于迪博（DIB）数据库，其他财务数据来源于国泰安

（CSMAR）数据库和万得（Wind）数据库。在样本筛选过程中进行了如下处理：剔除金融行业样本、ST 类样本、资产负债率大于 1 的样本、未披露内部控制评价报告的样本①、存在未明确内部控制缺陷严重等级的样本以及研发投入等重要财务数据缺失的样本，最终获得 8 个年度共 7 884 个样本观测值。为消除极端值的影响，本书对所有连续变量进行了 1% 和 99% 分位点的 Winsorize 处理。第 5 章、第 6 章的样本选择与数据来源与本章一致。本书采用 Stata15.0 和 Excel 对数据进行处理和相应的统计分析。

4.2.2　模型设定与变量定义

本书采用 DID 模型检验内部控制重大缺陷披露与否对企业创新投入的影响，之所以采用该模型，是因为不仅披露内部控制重大缺陷的企业和没有披露内部控制重大缺陷的企业在创新投入水平上可能存在差异，披露内部控制重大缺陷的企业在披露该信息前后其创新投入水平也可能存在不同。如果不采用 DID 模型，简单比较是否披露内部控制重大缺陷对企业创新投入的影响，则无法排除是否两类企业在披露内部控制重大缺陷前，创新投入水平已存在差异的可能；若仅比较披露内部控制重大缺陷的企业在披露前后的创新投入水平差异，则无法有效识别其创新投入水平的变化是由外部环境中随时间变化的其他因素所引发，还是内部控制重大缺陷披露的作用。因此，为识别内部控制重大缺陷披露对企业创新投入影响的净效应，本书借鉴伯特兰和穆莱纳桑（Bertrand and Mullainathan，2003）、陈思等（2017）的做法，将披露过内部控制重大缺陷的企业作为处理组，将从未披露内部控制重大缺陷的企业作为控制组，并建立如下多期 DID 模型：

$$RD_{i,t+1} = \alpha_0 + \alpha_1 Posticmw_{i,t} + \alpha_2 Controls_{i,t} + firm_i + year_t + \varepsilon_{i,t} \quad (4.1)$$

其中，RD 为企业创新投入，参照王玉泽等（2019）以企业研发投入加 1 取自然对数衡量。考虑到企业创新投入决策为重大长期决策，实务工作中一般在当年拟订次年及未来期间的研发创新计划，且企业以每年 12 月 31 日作为年度内部控制评价报告基准日，并在基准日后的 4 个月内报出上一年度内部控制缺陷信息。因此，若内部控制重大缺陷披露对企业创新投入产生不利影响，其作用会集中显现在次年创新投入之中，且为避免双向因

---

① 内部控制评价报告泛指企业按照《评价指引》披露的内部控制评价报告、内部控制自我评价报告、内部控制自评报告、内部控制自评价报告、内部控制自我评估报告等。

果关系对研究结论的干扰，本书中的模型均以 $t+1$ 期的 *RD* 为因变量（周虹，2019）。*Posticmw* 为是否披露内部控制重大缺陷，本书将披露过内部控制重大缺陷的企业作为处理组（*ICMW*），赋值为 1，否则为 0；设定披露内部控制重大缺陷时间虚拟变量（*POST*），企业内部控制重大缺陷披露当年及以后赋值为 1[①]，否则为 0；将两者交乘构造是否披露内部控制重大缺陷变量（*Posticmw*）。*Controls* 为控制变量，参照王玉泽等（2019）、李彬等（2017）、王少华（2019）等的研究，包括企业规模（*Size*）、企业年龄（*Age*）、现金持有量（*Cash*）、托宾 Q（*TobinQ*）、资本支出（*Capex*）、偿债能力（*Lev*）、盈利能力（*Profit*）、股权集中度（*Top1*）、两职合一（*Dual*）、两权分离度（*Sep*）、高管薪酬（*Lnpay*）、审计师类别（*Big4*）、多元化经营（*Seg*）、产品市场竞争（*HHI*）、政府补助（*Sub*）。*firm* 为企业个体效应，*year* 为时间固定效应。上述变量的详细定义如表 4-1 所示。

表 4-1　　　　　　　　　　　主要变量定义

变量类型	变量名称	变量符号	计算方法
因变量	企业创新投入	*RD*	研发投入加 1 后取自然对数
自变量	是否披露内部控制重大缺陷	*Posticmw*	企业披露内部控制重大缺陷当年及以后为 1，否则为 0
控制变量	企业规模	*Size*	资产总额加 1 后取自然对数
	企业年龄	*Age*	观测当年年份减去成立年份加 1 后取自然对数
	现金持有量	*Cash*	货币资金总额与资产总额的比值
	托宾 Q	*TobinQ*	市场价值与资产重置成本的比值
	资本支出	*Capex*	购建固定资产、无形资产和其他长期资产支付的现金与营业收入的比值
	偿债能力	*Lev*	资产负债率
	盈利能力	*Profit*	营业利润率
	股权集中度	*Top1*	第一大股东持股比例
	两职合一	*Dual*	董事长与总经理由一人兼任取值为 1，否则为 0
	两权分离度	*Sep*	实际控制人控制权与所有权比例的差值

---

① 参照褚剑和方军雄（2017）的做法，如果存在多次披露内部控制重大缺陷的情形，本书中只取第一次，这主要是为了更有效地观察内部控制重大缺陷披露的效应且便于实证设计。

变量类型	变量名称	变量符号	计算方法
控制变量	高管薪酬	Lnpay	董事、监事和高管前三名薪酬总额加 1 取自然对数
	审计师类别	Big4	审计师来自国际四大会计师事务所取值为 1，否则为 0
	多元化经营	Seg	公司业务涉及行业数目的自然对数
	产品市场竞争	HHI	行业内企业营业收入的 Herfindahl-Hirschman 指数
	政府补助	Sub	计入营业外收入的政府补助金额与营业收入的比值

资料来源：作者整理所得。

需要指出的是，在传统 DID 模型中还包括分组变量 *ICMW* 和时间虚拟变量 *POST*，但为尽可能避免企业个体效应和时间效应对检验结果的干扰，后续回归分析过程中采用个体和时间双向固定效应模型，因此，*ICMW* 和 *POST* 的系数分别被企业个体效应（*firm*）和时间固定效应（*year*）吸收，故模型 4.1 中主要考察 *Posticmw* 的系数 α_1，若 α_1 显著为负，则 H1 得到验证。

4.3 实证结果与分析

4.3.1 描述性统计

表 4-2 报告了变量的描述性统计结果，可以看出：企业创新投入（*F. RD*）的均值为 18.0805，中位数为 18.0333，两者差异较小，说明基本呈正态分布，最小值为 13.6494，最大值为 21.6423，标准差为 1.3899，说明样本总体创新投入水平差异较大。是否披露内部控制重大缺陷（*Posticmw*）的均值为 0.0193，说明披露内部控制重大缺陷的企业较少，该比例与宫义飞（2020）的研究结果类似。从控制变量的均值与中位数比较来看，均相差不大，说明基本呈正态分布；从控制变量的标准差来看，除在企业规模（*Size*）、托宾 Q（*TobinQ*）、两权分离度（*Sep*）这三个方面波动较大外，其他变量的标准差较小，说明样本的其他特征差

异相对较小。

表 4 - 2			主要变量描述性统计					
变量名称	样本量	均值	标准差	p25	p50	p75	最小值	最大值
$F. RD$	7 884	18.0805	1.3899	17.2502	18.0333	18.9131	13.6494	21.6423
$Posticmw$	7 884	0.0193	0.1375	0.0000	0.0000	0.0000	0.0000	1.0000
$Size$	7 884	22.1688	1.2635	21.2593	21.9907	22.8837	19.8319	26.0746
Age	7 884	2.8462	0.2930	2.6391	2.8332	3.0445	2.0794	3.5553
$Cash$	7 884	0.1946	0.1340	0.0989	0.1561	0.2533	0.0172	0.6332
$TobinQ$	7 884	2.9253	2.0465	1.5320	2.2692	3.6193	0.8574	11.8404
$Capex$	7 884	0.1183	0.1343	0.0353	0.0760	0.1488	0.0007	0.8585
Lev	7 884	0.3813	0.1906	0.2249	0.3701	0.5232	0.0525	0.8649
$Profit$	7 884	0.1095	0.1296	0.0417	0.0959	0.1677	- 0.8429	0.5733
$Top1$	7 884	0.3517	0.1442	0.2406	0.3356	0.4460	0.0880	0.7430
$Dual$	7 884	0.3083	0.4618	0.0000	0.0000	1.0000	0.0000	1.0000
Sep	7 884	4.5281	7.3961	0.0000	0.0000	7.1178	0.0000	28.2922
$Lnpay$	7 884	14.4860	0.6475	14.0466	14.4489	14.8600	12.8997	16.4329
$Big4$	7 884	0.0523	0.2226	0.0000	0.0000	0.0000	0.0000	1.0000
Seg	7 884	0.6336	0.6522	0.0000	0.6931	1.0986	0.0000	2.0794
HHI	7 884	0.1042	0.0921	0.0311	0.0717	0.1400	0.0164	0.3930
Sub	7 884	0.0102	0.0162	0.0008	0.0045	0.0117	0.0000	0.0983

注：p25、p50 和 p75 分别表示 1/4、1/2 和 3/4 分位数。
资料来源：作者采用 Stata 软件计算整理而得。

4.3.2　相关性分析

由表 4 - 3 可知[①]，是否披露内部控制重大缺陷（$Posticmw$）与企业创新投入（$F. RD$）的相关系数为 - 0.0394，在 1% 水平上显著相关，表明披露内部控制重大缺陷会导致企业创新投入水平下降，初步验证了假设 H4 - 1。同时，方差膨胀因子检验（VIF）检验结果表明，各变量 VIF 的最大值为 2.79，平均 VIF 值为 1.35，说明各变量之间不存在多重共线性。

　　[①]　限于篇幅，本书仅报告主要变量相关性分析结果，VIF 检验结果也未列示，如有需要可向作者索取，下同。

表4-3   **主要变量相关性分析结果**

变量名称	F. RD	Posticmw
F. RD	1. 0000	
Posticmw	− 0. 0394 ***	1. 0000

注：***代表在1%水平上显著。

资料来源：作者采用 Stata 软件计算整理而得。

4.3.3　回归结果与分析

如表4-4第（1）列所示，在未加入控制变量的情况下，是否披露内部控制重大缺陷（*Posticmw*）与企业创新投入（*F. RD*）的回归系数（−0.3381）在1%水平上显著为负，说明与未披露过内部控制重大缺陷的企业相比，披露内部控制重大缺陷的企业在披露该信息之后创新投入水平更低，假设 H4-1 得以验证；加入控制变量后，如表4-4第（2）列所示，是否披露内部控制重大缺陷（*Posticmw*）与企业创新投入（*F. RD*）的回归系数（−0.2406）仍在1%水平上显著为负。因此，内部控制重大缺陷披露不利于企业创新投入水平的提升。

表4-4   **基准回归检验结果**

变量	(1) F. RD	(2) F. RD
Posticmw	− 0. 3381 *** (− 4. 4541)	− 0. 2406 *** (− 3. 3974)
Size		0. 6058 *** (24. 6127)
Age		− 0. 0676 (− 0. 3556)
Cash		− 0. 2279 *** (− 3. 2570)
TobinQ		0. 0293 *** (5. 6373)
Capex		− 0. 1523 ** (− 2. 4647)
Lev		− 0. 0958 (− 1. 1660)
Profit		0. 2158 *** (3. 3275)

续表

变量	(1)	(2)
	F. RD	F. RD
Top1		− 0. 2469 *
		(− 1. 7243)
Dual		0. 0416 *
		(1. 8073)
Sep		0. 0065 ***
		(2. 7557)
Lnpay		0. 0938 ***
		(4. 1619)
Big4		− 0. 1064
		(− 1. 3735)
Seg		0. 0436 **
		(1. 9831)
HHI		0. 1821
		(1. 5318)
Sub		− 0. 7865
		(− 1. 5352)
Constant	17. 5737 ***	3. 3398 ***
	(1101. 1000)	(4. 4871)
firm & year	控制	控制
样本量	7 884	7 884
Within_ R^2	0. 3312	0. 4257
F 值	396. 7377	188. 4920

注：***、**、*分别代表在1%、5%、10%的水平上显著，括号内为 T 值。
资料来源：作者采用 Stata 软件计算整理而得。

从控制变量的回归结果来看，企业规模（Size）和多元化经营（Seg）的回归系数显著为正，说明企业规模越大、经营范围越广，越有助于分散风险，其开展创新投资活动的意愿更强，创新投资规模越大（吴延兵，2006；孟庆斌和师倩，2017）；托宾 Q（TobinQ）、盈利能力（Profit）的回归系数显著为正，说明企业成长机会越好、盈利能力越强时，其开展研发创新的条件越完善、动力更足，因而有利于企业创新投资水平的提升（成力为和戴小勇，2012；张信东和于静，2018）；两职合一（Dual）、两权分离度（Sep）、高管薪酬（Lnpay）的回归系数显著为正，意味着 CEO 与董事会沟通良好有助于企业管理层识别创新机会、两权分离度的提高能够促使企业追求高风险高收益的投资项目、良好的薪酬激励措施可以有效激励企业高管开展创新活动，因而企业创新投入水平得以提升（许强等，2019；薛有志和刘鑫，2014）。这些变量的回归结果与以往文献基本一致，说明本书的回归模型能够较好地反映各个内部控制要素对企业创新投入的影响。企业年龄（Age）、偿债能力（Lev）、审计师类别（$Big4$）、产品市场竞争（HHI）、政府补助（Sub）的回归系数虽不显著，但其影响方向与以往文献基本相符。而现金持有量（$Cash$）的回归系数显著为负，这可能是由于企业现金持有的代理动机占优所致，如控股股东利用流动资产实施"掏空"、管理层短视致使企业更多地持有现金而非进行研发创新；资本支出（$Capex$）的回归系数显著为负，可能是因为企业更倾向于固定资产等有形长期资产的投资，因而减少了企业的创新投资支出；股权集中度（$Top1$）的回归系数显著为负，可能是由于当企业股权集中度过高时，大股东的代理问题导致企业创新动力不足，创新投入水平不高。

4.3.4　稳健性检验

考虑到 DID 模型的应用前提和可能存在的内生性问题，首先，进行平行趋势检验以验证模型选择的合理性；其次，进行安慰剂检验以排除可能存在的伪回归问题；再次，采用 PSM-DID 方法解决遗漏变量的内生性问题，利用 Heckman 两阶段模型以排除样本自选择对研究结论的干扰；最后，为证实上述研究结论的可靠性，通过变换投资模型设定，变换因变量或控制变量，删除特殊样本的方法进行稳健性检验。

4.3.4.1　平行趋势检验

表 4 - 4 中回归结果的可信度取决于 DID 模型估计的有效性。尽管 DID 模型允许两组样本存在一定差异，但要求在政策实施之前两组样本应呈现相同的发展趋势，即平行趋势是 DID 模型应用的前提条件。因此，借鉴伯特兰和穆莱纳桑（Bertrand and Mullainathan，2003）提出的跨期动态面板模型进行平行趋势检验，结果如表 4 - 5 第（1）列所示，其中 $pre3$、$pre2$、$pre1$ 表示披露内部控制重大缺陷的前三年，$current$ 表示披露内部控制重大缺陷当年，$post1$、$post2$、$post3$ 表示披露内部控制重大缺陷的后三年，这些变量均为哑变量，具体定义方式如，观测当年为企业披露内部控制重大缺陷之前的第三个年度，$pre3$ 取值为 1，否则为 0，其余六个变量的赋值方法

与此类似。从回归结果来看，$pre3$、$pre2$、$pre1$ 的回归结果均不显著，表明在披露内部控制重大缺陷之前企业创新投入并未发生显著变化，$current$、$post1$、$post2$ 显著为负，说明在披露内部控制重大缺陷当年及之后的两年企业创新投入仍显著下降，这不仅表明处理组和控制组在披露内部控制重大缺陷之前满足平行趋势假设，并且意味着内部控制重大缺陷的披露确实引发了企业创新投入水平的下降，且其影响具有持续性。

4.3.4.2 安慰剂检验

由于内部控制重大缺陷披露与企业创新投入之间的相关性可能存在伪回归问题，即内部控制质量差的企业其创新能力本身就弱，因而不受是否存在并披露内部控制重大缺陷的影响。为此，本书借鉴权小锋等（2020）的做法，通过安慰剂检验的方式排除这种可能，结果如表 4 – 5 第（2）列 ~ 第（4）列所示，其中 $Posticmw\_3$、$Posticmw\_2$、$Posticmw\_1$ 分别表示将企业披露内部控制重大缺陷的时间前推 3 年、2 年和 1 年。从回归结果来看，当所有企业披露内部控制重大缺陷的时间提前，未对企业创新投入产生显著影响，由此增强了本书研究结论的可靠性。

表 4 – 5 　　　　　　　　　　平行趋势检验与安慰剂检验结果

平行趋势检验	（1）	安慰剂检验	（2）	（3）	（4）
	$F.RD$		$F.RD$	$F.RD$	$F.RD$
$pre3$	0.0413 (0.5683)	$Posticmw\_3$	0.0678 (1.0608)		
$pre2$	0.0363 (0.5187)	$Posticmw\_2$		−0.0132 (−0.2087)	
$pre1$	−0.0429 (−0.6262)	$Posticmw\_1$			−0.0559 (−0.8732)
$current$	−0.2389*** (−2.8772)				
$post1$	−0.2409** (−2.5039)				
$post2$	−0.2468** (−2.4249)				
$post3$	−0.0551 (−0.4793)				
$Size$	0.6097*** (24.7665)	$Size$	0.6110*** (24.8538)	0.6120*** (24.8732)	0.6125*** (24.9091)

平行趋势检验	(1) F. RD	安慰剂检验	(2) F. RD	(3) F. RD	(4) F. RD
Age	−0.0616 (−0.3242)	Age	−0.0537 (−0.2825)	−0.0506 (−0.2662)	−0.0501 (−0.2636)
Cash	−0.2244*** (−3.2063)	Cash	−0.2220*** (−3.1706)	−0.2206*** (−3.1511)	−0.2208*** (−3.1545)
TobinQ	0.0293*** (5.6341)	TobinQ	0.0292*** (5.6226)	0.0292*** (5.6285)	0.0293*** (5.6316)
Capex	−0.1553** (−2.5118)	Capex	−0.1561** (−2.5251)	−0.1556** (−2.5150)	−0.1556** (−2.5162)
Lev	−0.0967 (−1.1762)	Lev	−0.1050 (−1.2763)	−0.1066 (−1.2967)	−0.1062 (−1.2912)
Profit	0.2111*** (3.2516)	Profit	0.2152*** (3.3155)	0.2158*** (3.3240)	0.2135*** (3.2855)
Top1	−0.2615* (−1.8233)	Top1	−0.2342 (−1.6347)	−0.2318 (−1.6181)	−0.2333 (−1.6283)
Dual	0.0423* (1.8390)	Dual	0.0417* (1.8132)	0.0422* (1.8310)	0.0426* (1.8499)
Sep	0.0066*** (2.8193)	Sep	0.0063*** (2.6817)	0.0062*** (2.6588)	0.0062*** (2.6536)
Lnpay	0.0947*** (4.1987)	Lnpay	0.0934*** (4.1406)	0.0936*** (4.1473)	0.0937*** (4.1521)
Big4	−0.1064 (−1.3734)	Big4	−0.1061 (−1.3680)	−0.1060 (−1.3672)	−0.1061 (−1.3678)
Seg	0.0432** (1.9669)	Seg	0.0410* (1.8669)	0.0407* (1.8496)	0.0402* (1.8267)
HHI	0.1783 (1.4986)	HHI	0.1850 (1.5547)	0.1874 (1.5754)	0.1874 (1.5750)
Sub	−0.8207 (−1.6008)	Sub	−0.7688 (−1.4990)	−0.7557 (−1.4738)	−0.7579 (−1.4782)
Constant	3.2334*** (4.3441)	Constant	3.1951*** (4.2960)	3.1622*** (4.2515)	3.1499*** (4.2361)
firm & year	控制	firm & year	控制	控制	控制
样本量	7 884	样本量	7 884	7 884	7 884
Within_R²	0.4262	Within_R²	0.4246	0.4245	0.4246
F 值	148.2353	F 值	187.6692	187.5838	187.6405

注：***、**、*分别代表在1%、5%、10%的水平上显著，括号内为 T 值。
资料来源：作者采用 Stata 软件计算整理而得。

4.3.4.3 基于 PSM 方法配对样本的检验

考虑到本书的研究结论可能会受到内生遗漏变量的影响，如风险厌恶型管理者更偏好制定严格的内部控制缺陷认定标准，因而企业披露内部控制重大缺陷的概率更高，而这类管理者为了规避风险可能会减少创新活动，因此，前文得出的内部控制重大缺陷披露不利于企业创新投入的研究结论可能是因内生遗漏变量所致。为排除这一内生性问题对研究结论的干扰，借鉴权小锋等（2020）、施蒂巴尔（Stiebale, 2016）的做法，采用 PSM 方法对研究样本进行配对，再利用配对样本进行回归。具体做法为：将样本期间内披露过内部控制重大缺陷的样本作为处理组，从未披露过内部控制重大缺陷的样本作为对照组，根据阿巴迪等（Abadie et al., 2004）的建议，按照 1:4 的比例，并参考田高良等（2010）的研究，选取是否亏损（Loss）、是否违规（Vio）、破产风险（Z）等影响企业内部控制重大缺陷披露的因素[①]以及模型（4.1）中的控制变量作为协变量，采用最邻近匹配法进行匹配，以使处理组和控制组样本除了在是否披露内部控制重大缺陷方面有所差异外，其他如企业基本特征、财务特征、公司治理、政府支持力度等方面尽可能相似。匹配平衡性检验结果如表 4-6 所示，大部分协变量在匹配前均存在显著差异，匹配后差异不再显著，且所有协变量匹配后的标准化偏差均在 10% 以下；从两组样本匹配前后的核密度函数图（如图 4-2 所示）可以看出，匹配后两者曲线几乎重合，满足共同支撑假设，因此，总体而言匹配效果良好。在此基础上，利用模型（4.1）对配对样本进行检验，结果如表 4-7 的第（1）列所示。可以看出，在控制可能存在的内生遗漏变量情况下，本书研究结论依然成立。

表 4-6 匹配平衡性检验结果

协变量	样本未匹配 U/ 匹配 M	均值差异检验		标准化差异检验		
		处理组	控制组	% 偏差	T 值	P 值
Loss	U	0.111	0.084	9.1	1.99	0.047
	M	0.111	0.111	0.0	0.00	1.000

[①] 是否亏损（Loss）：若企业 $t-1$ 年和 t 年非经常性损益之和小于 0，赋值为 1，否则为 0。是否违规（Vio）：若企业当年被证监会、财政部、深交所或上交所任何一个监管部门处罚，赋值为 1，否则为 0。破产风险（Z）：根据阿特曼（Altman, 2000），$Z = 1.2X_1 + 1.4X_2 + 3.3X_3 + 0.6X_4 + 0.999X_5$，其中：$X_1$ 为营运资本与总资产的比值，X_2 为留存收益与总资产的比值，X_3 为息税前利润与总资产的比值，X_4 为所有者权益的账面价值与总负债的比值，X_5 为营业收入与总资产的比值。

协变量	样本未匹配 U/ 匹配 M	均值差异检验		标准化差异检验		
		处理组	控制组	% 偏差	T 值	P 值
Vio	U	0.357	0.152	48.3	11.48	0.000
	M	0.357	0.341	3.8	0.51	0.613
Z	U	6.796	9.049	−22.5	−4.16	0.000
	M	6.796	7.228	−4.3	−0.75	0.455
Size	U	22.119	22.172	−4.6	−0.86	0.388
	M	22.119	22.026	8.0	1.27	0.203
Age	U	2.863	2.845	6.1	1.25	0.210
	M	2.863	2.851	4.0	0.60	0.548
Cash	U	0.187	0.195	−5.9	−1.21	0.225
	M	0.187	0.192	−3.8	−0.58	0.564
TobinQ	U	2.689	2.940	−13.3	−2.53	0.012
	M	2.689	2.794	−5.5	−0.87	0.383
Capex	U	0.138	0.117	14.6	3.17	0.002
	M	0.138	0.142	−3.2	−0.42	0.673
Lev	U	0.419	0.379	21.0	4.29	0.000
	M	0.419	0.413	3.2	0.49	0.627
Profit	U	0.078	0.111	−24.8	−5.32	0.000
	M	0.078	0.075	2.1	0.29	0.774
Top1	U	0.340	0.352	−8.7	−1.76	0.079
	M	0.340	0.339	0.8	0.13	0.900
Dual	U	0.299	0.309	−2.1	−0.43	0.670
	M	0.299	0.294	1.1	0.16	0.870
Sep	U	5.866	4.447	18.0	3.96	0.000
	M	5.866	5.841	0.3	0.04	0.965
Lnpay	U	14.468	14.487	−3.0	−0.60	0.546
	M	14.468	14.455	2.0	0.30	0.761
Big4	U	0.060	0.052	3.5	0.75	0.455
	M	0.060	0.056	1.7	0.25	0.803
Seg	U	0.638	0.633	0.7	0.14	0.892
	M	0.638	0.613	3.7	0.56	0.574
HHI	U	0.114	0.104	10.4	2.21	0.027
	M	0.114	0.112	2.1	0.30	0.763
Sub	U	0.010	0.010	−3.1	−0.61	0.539
	M	0.010	0.010	−1.5	−0.24	0.813

资料来源：作者采用 Stata 软件计算整理而得。

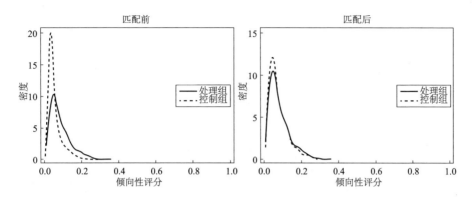

图 4 - 2　处理组和控制组样本匹配前后核密度函数

资料来源：作者采用 Stata 软件绘制。

4.3.4.4　基于 Heckman 两阶段模型的检验

考虑到本书以企业内部控制评价报告中披露的内部控制重大缺陷数据为基础进行研究，而某些企业的管理层在权衡利弊后可能不愿意披露内部控制重大缺陷，因而研究结论可能受到样本自选择偏差引起的内生性问题干扰。为此，本书借鉴张超和刘星（2015）、郭晔等（2020）的做法，采用 Heckman 两阶段模型排除潜在的样本自选择偏差。在第一阶段回归中，解释变量引入前述 PSM 样本配对中选取的影响企业内部控制重大缺陷披露的因素，以及模型（4.1）中的控制变量作为解释变量，并在考虑行业固定效应和时间固定效应的基础上计算逆米尔斯比率（IMR）；再将第一阶段计算出的 IMR 代入模型（4.1）中进行第二阶段回归，结果如表 4 - 7 的第（2）列所示，在加入 IMR 的第二阶段回归结果中，IMR 的系数均显著，说明研究样本存在自选择问题，且在考虑了样本自选择问题后，本书的研究结论依然成立。

表 4 - 7　　　　PSM 配对样本和 Heckman 两阶段模型检验结果

变量	PSM 配对样本	Heckman 两阶段模型
	F. RD	F. RD
Posticmw	- 0. 1876 **	- 0. 3491 ***
	（ - 2. 5693）	（ - 3. 4969）
Size	0. 5502 ***	0. 6704 ***
	（8. 9817）	（24. 0272）

续表

变量	PSM 配对样本	Heckman 两阶段模型
	F. RD	*F. RD*
Age	− 0. 3488	− 0. 0330
	(− 0. 6905)	(− 0. 5981)
Cash	0. 2514	− 0. 0547
	(1. 3860)	(− 0. 4559)
TobinQ	0. 0579 ***	0. 0368 ***
	(3. 9367)	(3. 9456)
Capex	− 0. 2695 *	− 0. 6910 ***
	(− 1. 9105)	(− 6. 6608)
Lev	0. 1412	− 0. 2514 **
	(0. 7188)	(− 2. 2843)
Profit	0. 3039 **	− 0. 9923 ***
	(2. 1458)	(− 5. 1089)
*Top*1	− 0. 5270	− 0. 2598 ***
	(− 1. 4343)	(− 2. 5861)
Dual	− 0. 0075	0. 0587 *
	(− 0. 1390)	(1. 7862)
Sep	0. 0103	0. 0047 **
	(1. 5732)	(2. 5353)
Lnpay	0. 1195 **	0. 2554 ***
	(2. 1793)	(8. 9681)
*Big*4	0. 2702	0. 2389 ***
	(1. 2077)	(3. 0013)
Seg	− 0. 0540	− 0. 0997 ***
	(− 1. 0090)	(− 4. 3208)
HHI	0. 1137	− 0. 1112
	(0. 4106)	(− 0. 3492)
Sub	− 1. 0622	2. 2076 **
	(− 0. 7910)	(2. 4925)
IMR		− 0. 8031 ***
		(− 3. 1686)
Constant	4. 8199 **	− 0. 9339
	(2. 5822)	(− 1. 1729)
firm & year	控制	控制
Industry	—	控制
样本量	1 938	7 884
Within_R^2	0. 4185	—
F 值	24. 8296	—

注：***、**、*分别代表在 1%、5%、10% 的水平上显著，PSM-DID 检验中括号内为 *T* 值，Heckman 检验中括号内为 *Z* 值。

资料来源：作者采用 Stata 软件计算整理而得。

4.3.4.5　模型设定、变量设定以及样本选择的稳健性检验

1. 变换投资模型设定。借鉴埃伯利等（Eberly et al.，2012）、鞠晓生等（2013）、王少华（2019）以托宾 Q 方程和欧拉方程刻画企业创新活动的做法，分别将企业 t 期的创新投入及其二次项引入模型（4.1）中进行稳健性检验，结果如表 4 - 8 的第（1）列和第（2）列所示，检验结果与前文基本一致。

2. 变换因变量或控制变量。变换因变量方面：以企业研发投入与期末总资产的比值作为企业创新投入的替代变量对模型（4.1）进行回归。变换控制变量方面：以经营活动现金流量比期末总资产（Cfo）替换现金持有量（Cash）、以固定资产与存货净额之和比期末总资产（Tang）替换资本支出（Capex）、以有形资产负债率（Lev_t）替换资产负债率（Lev）、以净资产收益率（Roe）替换营业利润率（Profit）、以前三位大股东持股比例之和（Top2）替换第一大股东持股比例（Top1），并加入董事会规模（Bod）、独立董事比例（Indr）、产权性质（Soe）、经济政策不确定性（Epu）① 对模型（4.1）进行回归。结果如表 4 - 8 的第（3）列和第（4）列所示，检验结果与前文基本一致。

3. 删除特殊样本。考虑到部分样本在披露内部控制重大缺陷的同时也披露了非重大缺陷，因此，本书得出的研究结论是否可能是由于同时披露非重大缺陷所致？为排除这一潜在影响，将这部分特殊样本删除后再对模型（4.1）进行检验，结果如表 4 - 8 的第（5）列所示，检验结果与前文基本一致。

表 4 - 8　　　　　　　　　　　　稳健性检验结果

变量	（1）托宾 Q 方程	（2）欧拉方程	（3）变换因变量	（4）变换控制变量	（5）删除特殊样本
	F. RD	F. RD	F. RD	F. RD	F. RD
Posticmw	- 0. 2035 *** （ - 3. 1306）	- 0. 2038 *** （ - 3. 1352）	- 0. 0027 ** （ - 2. 3021）	- 0. 2200 *** （ - 3. 1270）	- 0. 2433 *** （ - 3. 3029）

① 董事会规模（Bod）：董事会人数的自然对数；独立董事比例（Indr）：独立董事人数与董事人数的比值；产权性质（Soe）：国有企业为 1，否则为 0；经济政策不确定性（Epu）：选取贝克等（Baker et al.，2016）提出的经济政策不确定性指数，作为中国政策不确定性的度量指标，由于该指数为月度数据，本书采用取算术平均值的方法将一年内 12 个月的数据转化为年度经济政策不确定性。

续表

变量	(1) 托宾Q方程 F. RD	(2) 欧拉方程 F. RD	(3) 变换因变量 F. RD	(4) 变换控制变量 F. RD	(5) 删除特殊样本 F. RD
RD	0. 3356 *** (26. 7244)	0. 6236 *** (4. 6558)			
RD^2		−0. 0082 ** (−2. 1602)			
$Size$	0. 3710 *** (15. 6550)	0. 3775 *** (15. 8076)	−0. 0023 *** (−5. 5739)	0. 6384 *** (24. 5032)	0. 6069 *** (24. 6463)
Age	0. 0668 (0. 3874)	0. 0568 (0. 3293)	−0. 0003 (−0. 0879)	−0. 0921 (−0. 4848)	−0. 0607 (−0. 3196)
$Cash$	−0. 1136 * (−1. 7988)	−0. 1026 (−1. 6194)	−0. 0015 (−1. 2968)		−0. 2253 *** (−3. 2207)
$TobinQ$	0. 0255 *** (5. 4537)	0. 0260 *** (5. 5635)	−0. 0002 ** (−2. 0117)	0. 0275 *** (5. 2557)	0. 0295 *** (5. 6855)
$Capex$	−0. 0743 (−1. 3327)	−0. 0700 (−1. 2545)	−0. 0037 *** (−3. 5510)		−0. 1531 ** (−2. 4802)
Lev	0. 0340 (0. 4584)	0. 0305 (0. 4120)	−0. 0005 (−0. 3488)		−0. 0987 (−1. 2007)
$Profit$	0. 3042 *** (5. 2059)	0. 3064 *** (5. 2444)	−0. 0008 (−0. 7296)		0. 2003 *** (3. 0663)
$Top1$	−0. 1628 (−1. 2608)	−0. 1569 (−1. 2147)	−0. 0083 *** (−3. 4642)		−0. 2422 * (−1. 6916)
$Dual$	0. 0194 (0. 9400)	0. 0197 (0. 9541)	0. 0003 (0. 8271)	0. 0474 ** (2. 0603)	0. 0414 * (1. 7961)
Sep	0. 0045 ** (2. 1083)	0. 0047 ** (2. 1924)	0. 0001 (1. 3056)	0. 0061 *** (2. 6005)	0. 0068 *** (2. 9123)
$Lnpay$	0. 0610 *** (2. 9622)	0. 0636 *** (3. 0873)	0. 0027 *** (7. 2048)	0. 0833 *** (3. 6873)	0. 0964 *** (4. 2695)
$Big4$	−0. 0382 (−0. 5317)	−0. 0422 (−0. 5869)	0. 0003 (0. 1972)	−0. 1091 (−1. 4184)	−0. 1063 (−1. 3730)
Seg	0. 0385 * (1. 9434)	0. 0382 * (1. 9301)	0. 0004 (0. 9717)	0. 0438 ** (2. 0085)	0. 0430 * (1. 9566)
HHI	0. 1143 (1. 0714)	0. 1068 (1. 0012)	0. 0030 (1. 5146)	0. 1876 (1. 5835)	0. 1794 (1. 5195)
Sub	−0. 6205 (−1. 3492)	−0. 6398 (−1. 3914)	−0. 0157 * (−1. 8302)	−1. 0783 ** (−2. 1374)	−0. 7560 (−1. 4755)
Cfo				0. 2202 * (1. 8850)	
$Tang$				0. 4892 *** (5. 6491)	

续表

变量	(1) 托宾 Q 方程 F. RD	(2) 欧拉方程 F. RD	(3) 变换因变量 F. RD	(4) 变换控制变量 F. RD	(5) 删除特殊样本 F. RD
Lev_t				− 0. 1182 * (− 1. 7411)	
Roe				0. 4065 *** (4. 6817)	
$Top2$				− 0. 0023 * (− 1. 7306)	
Bod				0. 2462 *** (3. 2537)	
$Indr$				0. 1640 (0. 7403)	
Soe				− 0. 1142 (− 1. 2858)	
Epu				0. 6757 *** (6. 0062)	
$Constant$	2. 6345 *** (3. 9141)	− 0. 0260 (− 0. 0185)	0. 0397 *** (3. 1940)	− 1. 6546 *** (− 2. 9550)	3. 2625 *** (4. 3783)
$firm \& year$	控制	控制	控制	控制	控制
样本量	7 690	7 690	7 884	7 840	7 867
$Within\_R^2$	0. 5160	0. 5164	0. 0561	0. 4317	0. 4260
F 值	252. 2550	242. 1017	15. 1057	168. 8163	188. 2851

注：***、**、* 分别代表在1%、5%、10%的水平上显著，括号内为 T 值。
资料来源：作者采用 Stata 软件计算整理而得。

4.4　进一步研究：影响路径分析

基于前文的理论分析和实证检验，本节进一步揭示内部控制重大缺陷披露影响企业创新投入的路径机理。

4.4.1　基于代理成本的证据

委托代理理论认为，两权分离的企业中管理层与股东目标函数不一致导致管理层极有可能存在"道德风险"，即第一类代理问题（Jensen and Meckling，1976），这种现象在监管缺失或激励不足的情况下更为严重。随着研究的深入，关于股权高度集中下控股股东凭借其控制权侵占中小股东利益的第二类代理问题研究也逐步展开（La Porta et al.，1999），由于中国上市公司大多隶属于大股东控制下的企业集团，因此，控股股东通过资金占用、关联交易、担保贷款等手段侵占中小股东利益的行为更为突出（卢闯，2010）。因此，已有研究表明，两类代理问题引发的代理成本是造成中国企业投资效率低下的重要原因（周春梅，2009）。具体到企业创新活动中，由于创新投资周期长、风险大且收益相对滞后，因此，管理层出于对自身职位安全和奖励晋升的考虑，往往会放弃能为所有者创造长期价值的创新项目（Baber et al.，1991）；而大股东的风险厌恶行为可能会促使其在面临企业投资项目选择、公司规模扩张等重大决策时，借助两权分离及控制权优势做出不利于外部股东的决定（唐跃军和左晶晶，2014），或倾向于实施外购等利用式创新，而非开展自主研发的探索式创新（唐清泉等，2011）。

由于企业一般在当年对次年及未来的创新投资活动做出决策，且企业当年存在的内部控制重大缺陷一般在披露基准日（每年的 12 月 31 日）的后四个月内报出，因此，若企业披露内部控制重大缺陷表明企业在进行创新投资决策的过程中内部控制的制度漏洞为大股东及其控制下的管理层自利行为提供可乘之机（张洪辉等，2016），且内部控制重大缺陷的存在会降低企业财务信息透明度，使得信息披露对两类代理问题的监督作用大打折扣（袁东任和汪炜，2015），因此，披露内部控制重大缺陷的企业在披露的前一年度中即存在较高的代理成本，因而不利于企业创新投资决策，抑制了创新投入水平的提升。

由此可以推测，内部控制重大缺陷导致企业承担较高的代理成本，进而对企业创新投入产生不利影响。考虑到已有文献证实了第一类代理问题中显性代理成本的中介效应（赵莹等，2018），因此，本书参照杨德明等（2009）、杨玉凤等（2010）的做法，以总资产周转率（AC）测度隐性代理成本，该指标越大说明隐性代理成本越小，以其他应收款占总资产的比重（Tunnel）测度第二类代理成本，该指标越大说明第二类代理问题越严重，并借鉴方杰等（2012）、唐建荣和李晴（2019）、窦程强等（2020）的做法，分别利用 Sobel 检验法和 Bootstrap 检验法进行检验。结果如表 4-9 所示，Pannel A 中列示了 Sobel 检验法的结果，统计量 Z 值的绝对值大于 5% 显著性水平的临界值 0.97，且中介效应与直接效应同号，说明代理成本是内部控制重大缺陷披露影响企业创新投入的部分中介因子；Pannel B 中列示了重复抽样 1 000 次的 Bootstrap 检验结果，置信区间均不包含零，且中介效应与直接效应同号，说明 Sobel 检验法得出的结论可靠。

表 4 - 9　　　　　　　　代理成本的中介效应检验结果

Pannel A：Sobel 检验

中介变量	AC			Tunnel		
	系数	Z	P 值	系数	Z	P 值
Sobel 检验	− 0.0214	− 2.606	0.0092	− 0.0142	− 2.313	0.0207
直接效应	− 0.5610	− 6.071	0.0000	− 0.5682	− 6.137	0.0000
总效应	− 0.5825	− 6.284	0.0000	− 0.5823	− 6.282	0.0000

Pannel B：Bootstrap 检验

AC	系数	Z	置信区间（P）	置信区间（BC）
中介效应	− 0.0214	− 2.46	（ − 0.0394， − 0.0054）	（ − 0.0405， − 0.0058）
直接效应	− 0.5610	− 4.49	（ − 0.8175， − 0.3182）	（ − 0.8235， − 0.3266）
Tunnel	系数	Z	置信区间（P）	置信区间（BC）
中介效应	− 0.0142	− 1.85	（ − 0.0309， − 0.0018）	（ − 0.0355， − 0.0032）
直接效应	− 0.5682	− 4.62	（ − 0.8172， − 0.3329）	（ − 0.8116， − 0.3284）

资料来源：作者采用 Stata 软件计算整理而得。

4.4.2　基于风险承担的证据

创新投资活动的高度不确定性决定了创新投资决策的制定与实施不仅需要充足的资金支持，更需要企业管理层具有风险承担意识和敢于面对失败的勇气（Manso，2011；胡国柳等，2019）。内部控制作为企业全面风险管理的重要手段，其风险管控水平的高低关系到企业研发风险应对是否得当：一方面，对由于信息不对称引发的研究项目论证不科学、不充分的研发风险，有效的内部控制可以通过提高企业内外部信息识别与整合能力，帮助企业明确市场需求、把握创新时机，通过建立高效的沟通机制，促使企业各级管理层、各个业务环节及时交换意见、提高创新项目立项效率；另一方面，对由于代理问题引发的如因管理层或大股东自利行为错失创新发展机会，因研发过程管理不到位等导致的研发成本过高，甚至因个别研发人员道德水平低下导致舞弊等研发风险，有效的内部控制可以通过授权审批制度、岗位责任制度和跟踪检查活动适当缓解。可见，有效的内部控制有利于降低研发风险，促进企业创新投入。

而内部控制重大缺陷披露意味着企业在披露前一年度内部控制已存在设计或运行上的薄弱环节，可能导致企业研发活动风险上升，且已有经验证据表明，与未披露内部控制缺陷的企业相比，披露内部控制缺陷的企业面临着较大的固有风险和信息风险（Hogan and Wilkins，2008），且陷入财务困境和财务危机的可能性更大（Su et al.，2014；林钟高和陈曦，2016）。由此可以推断，内部控制重大缺陷的存在不仅难以合理保证企业有效应对研发风险，而且由于其他风险的增加，使得企业管理层更缺乏开展高风险创新活动的勇气，由此抑制了管理层风险承担意愿，不利于企业创新投资水平的提升。

为验证内部控制重大缺陷是否降低企业风险承担水平，进而影响企业创新投入，本书参照何瑛等（2019）的做法以观测时段内的盈余波动性衡量企业风险承担水平，并借鉴方杰等（2012）、唐建荣和李晴（2019）、窦程强等（2020）的做法分别利用 Sobel 检验法和 Bootstrap 检验法进行检验。盈余波动性利用观测期间内企业总资产净利润率（ROA）的波动程度衡量，具体计算过程为：为缓解行业及周期的影响，先将观测样本的 ROA 减去年度行业均值得到 Adj_ROA［如公式（4.2）所示］，然后以每三年（$t-1$ 期至 $t+1$ 期）为一个观测时段，滚动计算 Adj_ROA 的标准差，最后将该标准差乘以 100 得到 Risk 值［如公式（4.3）所示］，以衡量企业的风险承担水平[①]。Risk 值越大，说明盈余波动程度越大，企业风险承担水平越高。

$$Adj\_ROA_{i,t} = ROA_{i,t} - \frac{1}{X}\sum_{k=1}^{X} ROA_{i,t} \tag{4.2}$$

$$Risk_{i,t} = 100 \times \sqrt{\frac{1}{T-1}\sum_{t=1}^{T}\left(Adj\_ROA_{i,t} - \frac{1}{T}\sum_{t=1}^{T} Adj\_ROA_{i,t}\right)^2}\ \Bigg|\ T = 3 \tag{4.3}$$

检验结果如表 4-10 所示，Pannel A 中列示了 Sobel 检验法的结果，统计量 Z 值的绝对值大于 5% 显著性水平的临界值 0.97，且中介效应与直接效应同号，说明企业风险承担水平是内部控制重大缺陷披露影响企业创新

---

① 此处对于量纲的处理能够在不影响其显著性的情况下使检验结果更加直观。

投入的部分中介因子；Pannel B 中列示了重复抽样 1 000 次的 Bootstrap 检验方法结果，置信区间均不包含零，且中介效应与直接效应同号，说明 Sobel 检验法得出的结论可靠。

表 4 - 10　　　　　　　　　　风险承担的中介效应检验结果

Pannel A：Sobel 检验

中介变量	*Risk*		
	系数	*Z*	*P* 值
Sobel 检验	- 0. 0237	- 3. 364	0. 0007
直接效应	- 0. 5588	- 6. 030	0. 0000
总效应	- 0. 5825	- 6. 285	0. 0000

Pannel B：Bootstrap 检验

Risk	系数	*Z*	置信区间（*P*）	置信区间（*BC*）
中介效应	- 0. 0237	- 2. 72	（ - 0. 0430，　- 0. 0080）	（ - 0. 0493，　- 0. 0108）
直接效应	- 0. 5588	- 4. 59	（ - 0. 8057，　- 0. 3199）	（ - 0. 8162，　- 0. 3357）

资料来源：作者采用 Stata 软件计算整理而得。

4.4.3　基于融资约束的证据

信息不对称普遍存在于资本市场中，当投资者预期企业管理者可能利用信息优势侵占自身利益时，往往会选择预先提高资金成本或拒绝投资以达到降低或规避风险的目的。因此，企业在融资活动中往往优先选择内源融资，在内源融资无法满足资金需求的情况下才进行外部融资（Myers and Majluf，1984）。因此，当企业内部资金不能满足经营发展需要且外部融资成本较高时，即使不存在代理问题，企业也可能放弃正净现值的投资项目。这种现象在企业创新投资活动中更为常见，其原因在于：一方面，创新活动周期长、变现慢，不仅要对新产品、新技术进行跟踪改进，还须及时对下一代技术进行研发和论证，以便适应技术进步、应对市场变化，因而创新活动无法在短时间内为企业带来正的净现金流入，并需要大量、稳定的资金支持，导致内源融资无法满足其资金需求；另一方面，创新活动往往涉及企业商业机密，形成成果的可能性及其未来收益率都难以为企业外部利益相关者获知，其面临的信息不对称程度更高、获取外部资金的难度更大，即便创新活动取得成功，所形成的无形资产通过抵押形式获取银行贷款的可能性也较小。因此，融资约束始终是制约企业创新投资活动的重要因素（Hall，2002；张杰等，2012）。

内部控制重大缺陷的披露不仅意味着企业内部控制整体失效，还会引起市场的负面反应，进而加大企业获取创新资金的难度。第一，若企业披露内部控制重大缺陷则意味着内部控制无法合理保证财务报告及相关信息真实完整，财务报告发生错报的可能性增大（Beneish et al.，2008），信息披露的及时性和透明度降低（王加灿，2015；孙光国和杨金凤，2013），使得企业股权融资成本更高，获取贷款的难度更大。第二，企业披露的内部控制重大缺陷若影响企业内外部信息沟通效率，则不利于企业根据环境变化动态调整创新战略、获取利益相关方对创新项目的理解与支持，导致企业获取外部资金的难度加大（倪静洁和吴秋生，2020）。第三，内部控制重大缺陷作为一种负面信息一经披露，会引起投资者对企业未来经营效率效果的担忧，出于对自身投资风险的考虑，可能会要求更高的风险补偿或降低投资额度，从而导致企业面临的融资约束上升，且已有经验证据表明，投资者对披露内部控制重大缺陷的企业评价更低（张继勋和刘文欢，2014）、内部控制重大缺陷的披露会提升企业融资成本（Kim et al.，2011）。

由此本书推测，内部控制重大缺陷披露导致企业未来面临的融资约束加大，进而对企业创新投入产生不利影响。为验证该中介路径是否存在，参照拉蒙特等（Lamont et al.，2001）、李君平和徐龙炳（2015）的做法以改进的 KZ 指数测度企业面临的融资约束，该指数越大，说明企业面临的融资约束程度越高，KZ 指数计算方法为：$KZ = -1.002CF/A - 39.368D/A - 1.315C/A + 3.139Lev$，其中，$CF/A$ 为经营活动现金流量/期初总资产，D/A 为现金股利/期初总资产，C/A 为现金及现金等价物/期初总资产，Lev 为资产负债率；并借鉴方杰等（2012）、唐建荣和李晴（2019）、窦程强等（2020）的做法分别利用 Sobel 检验法和 Bootstrap 检验法进行检验。此外，考虑到企业内部控制评价报告和年度财务报告披露的实际时间，以次年融资约束（$F.KZ$）进行检验，结果如表 4 - 11 所示，Pannel A 中列示了 Sobel 检验法的结果，统计量 Z 值的绝对值大于 5% 显著性水平的临界值 0.97，且中介效应与直接效应同号，说明融资约束是内部控制重大缺陷披露影响企业创新投入的部分中介因子；Pannel B 中列示了重复抽样 1 000 次的 Bootstrap 检验方法结果，置信区间均不包含零，且中介效应与直接效应同号，说明 Sobel 检验法得出的结论可靠。

表 4 – 11　　　　　　　　融资约束的中介效应检验结果

Pannel A：Sobel 检验

中介变量	F. KZ		
	系数	Z	P 值
Sobel 检验	– 0. 0141	– 1. 958	0. 0501
直接效应	– 0. 5929	– 4. 951	0. 0000
总效应	– 0. 6070	– 5. 073	0. 0000

Pannel B：Bootstrap 检验

F. KZ	系数	Z	置信区间（P）	置信区间（BC）
中介效应	– 0. 0141	– 1. 62	（ – 0. 0342，　– 0. 0013）	（ – 0. 0388，　– 0. 0026）
直接效应	– 0. 5929	– 3. 92	（ – 0. 8938，　– 0. 3101）	（ – 0. 8971，　– 0. 3145）

资料来源：作者采用 Stata 软件计算整理而得。

4.5　本 章 小 结

　　本章基于信息不对称理论和委托代理理论，分析了内部控制重大缺陷披露对企业创新投入的总体影响，并以 2012～2019 年中国沪深 A 股上市公司为研究样本，构建多期 DID 模型进行实证检验结果发现，与未披露内部控制重大缺陷的企业相比，披露内部控制重大缺陷的企业在披露该信息后企业创新投入显著下降。这说明内部控制重大缺陷披露对企业创新投入的总体影响呈负面的现状，即无效的内部控制会显著抑制企业创新投入，间接反映了有效的内部控制有助于促进企业加大创新投入。考虑到 DID 模型的应用前提和可能存在的内生性问题，在进行平行趋势检验的基础上，采用安慰剂检验、PSM – DID 方法和 Heckman 两阶段模型分别排除可能存在的伪回归问题、遗漏变量和样本自选择等内生性问题对研究结论的干扰。此外，还通过变换投资模型设定，变换因变量和控制变量，删除特殊样本的方法进行稳健性检验，结果发现，上述结论依然成立，因而增强了本书研究结论的可靠性。在此基础上，本章进一步对内部控制重大缺陷披露影响企业创新投入的路径机理进行检验并发现：内部控制重大缺陷披露因恶化了两类代理问题，降低了企业风险承担水平，加剧了企业面临的融资约束，进而导致企业创新投入水平下降。本章的研究结论揭示了企业内部控制重大缺陷披露对其创新投入的总体影响，并分析验证了两者关系的传导路径，从内部控制重大缺陷披露视角揭示了内部控制有效性与企业创新投入的关系。

第5章　管理层内部控制重大缺陷披露动机选择行为的调节作用

尽管中国上市公司内部控制信息已进入强制性披露阶段，但由于披露制度不完善和违规惩处力度较小，管理层依然可凭借自身信息优势，在自利动机的驱使下，有选择地披露内部控制缺陷信息。根据第3章的讨论，当前管理层内部控制重大缺陷披露动机选择行为主要体现在披露主动性、整改信息披露和披露及时性三方面。因此，本章分析并检验这三方面的披露特征对内部控制重大缺陷披露与企业创新投入关系的影响，这有利于揭示内部控制重大缺陷披露对企业创新投入总体负面影响的内在机制，并对企业提高内部控制重大缺陷披露水平实现创新发展、投资者根据企业内部控制重大缺陷披露情况提高决策效率和政府部门完善内部控制信息披露法规具有重要意义。

5.1　理论分析与假设提出

5.1.1　内部控制重大缺陷披露主动性的调节作用

作为反映内部控制质量的负面信号，内部控制重大缺陷披露会引发企业股价下跌（Hammersley et al.，2008；Wu and Tuttle，2014）、融资成本和审计费用上升（Lambert et al.，2007；张敏和朱小平，2010）、高管薪酬减少甚至高管更替等不利于企业发展和高管切身利益的后果（Hoitash et al.，2012；Li et al.，2010），并可能因随之而来的缺陷整改活动给大股东和管理层实施利益侵占行为增加阻力（崔志娟等，2011）。因此，企业治理层和管理层为避免"家丑外扬"、维护企业和自身利益，抑或迫于大股东压力，可能采取机会主义行为，不披露、少披露以及"避重就轻"地披露重大缺陷（崔志娟，2011；陈武朝，2012）。然而，信号理论指出，非对称信息引发逆向选择和道德风险，导致交易的帕累托最优难以实现，但若拥有信息优势的一方能够主动披露真实的私人信息，交易的效率便得以改善（Spence，1974）。五部委下发的《审计指引》中指出，若企业出现治理层舞弊、财务报表重述或重大错报、内部控制监督无效则表明企业存在内部控制重大缺陷，且这些内部控制重大缺陷迹象可通过监管部门的违规公告、财报重述报告、年报和内部控制审计报告暴露出来。因此，若企业披露内部控制重大缺陷的时间晚于上述迹象暴露时间，或已有重大缺陷迹象暴露，而企业未如实主动地在内部控制评价报告中披露，则会引发信息使用者对企业治理层和管理层诚信的担忧，导致负面影响升级。已有研究证实：内部控制重大缺陷披露中的机会主义行为并不能在短期内掩饰企业存在的问题，甚至从长期来看，存在机会主义行为的企业其融资成本高于真实披露的企业（王俊韡，2020）。因此，出于长远利益考虑，企业治理层和管理层可能会选择积极主动地如实披露内部控制重大缺陷。已有经验证据表明，管理层主动披露内部控制重大缺陷能够降低诉讼风险和诉讼成本（He et al.，2019），说明管理层可以采取主动揭示内部控制重大缺陷的披露策略降低其消极影响。可见，同样是为了组织声誉或自身利益考虑，管理层可能因短视实施机会主义行为，也可能主动披露内部控制重大缺陷。那么，内部控制重大缺陷披露与企业创新投入的负相关关系是否因其披露主动性而存在差异？下文主要基于信号传递的声誉机制对该问题展开讨论。

组织声誉是组织过去交易行为及结果的综合体现（Camerer，1988），作为难以被模仿的隐形资产能够帮助企业获取持续竞争优势（Barney，1991），是确保契约诚实履行的重要机制（皮天雷，2009）。因此，企业内部控制信息披露工作必须注重信号传递的声誉效应。

从声誉的建立来看，是否主动披露内部控制重大缺陷影响企业能否建立起良好的组织声誉，进而影响企业的创新资源获取能力，导致内部控制重大缺陷披露对企业创新投入的影响程度因其披露主动性有所不同。由于人脑负面偏好机制的客观存在，企业内部控制重大缺陷披露必然引发市场的消极反应。此时，若企业主动披露内部控制重大缺陷，不仅意味着企业具备较强的风险承担能力，能够控制内部控制重大缺陷披露引发的相关风险，甚至可以通过创新投入对冲内部控制重大缺陷披露形成的风险，且说明企业管理层"认错"态度良好,有信心和能力整改内部控制重大缺陷,这有助于企业赢得市场信任、形成良好的组织声誉(杨清香等,2012;倪静洁和吴秋生,2020)。已有研究表明,在监管机制尚不完善、信息不对称程度较高的中国资本市场中,组织声誉作为一种非正式制度能够有效发挥对正式制度的替代作用。如在市场化程度相对较低的地区,商业银行在进行是否放贷等决策时通常将借款人声誉作为一项重要的决策依据(叶康涛等,2010),且良好的组织声誉可以帮助企业抵御负面事件的冲击(阮刚铭等,2019)。因此,主动披露内部控制重大缺陷可以提高利益相关者对企业已有内部控制重大缺陷事实的容忍度,增进利益相关方对企业内部控制重大缺陷整改能力和风险管控能力的信心,有助于缓解内部控制重大缺陷披露引发的融资约束,降低内部控制重大缺陷披露对企业创新投入的不利影响。而那些未主动披露内部控制重大缺陷的企业,如果利益相关者通过内部控制重大缺陷迹象的暴露提前意识到企业内部控制存在重大漏洞,而企业并未及早、如实地披露,这会引发利益相关者对企业持续经营能力的猜测,并质疑管理层诚信及其财务报告质量(He et al.,2019),企业形象与声誉大打折扣,潜在的资金提供者可能上调对该企业的风险评估等级,导致企业面临的融资约束不降反增,加剧内部控制重大缺陷披露对企业创新投入的不利影响。

从声誉的维护来看,主动披露内部控制重大缺陷的企业在建立良好声誉后更注重组织声誉的维护和提升,而非主动披露该信息的企业则希望尽快恢复声誉,两类企业在声誉维护(或恢复)的过程中创新动力和创新资金获取能力存在差异,导致内部控制重大缺陷披露对企业创新投入的不利影响在这两类企业中有所不同。创新动力的差异表现在:斯金纳(Skinner,1994)分析认为,企业主动披露负面信息的原因在于减少因非主动披露引致的"声誉成本",由此可以推断,非主动披露内部控制重大缺陷的企业为将组织声誉恢复到原有水平或提高其组织声誉所需付出的成本,远高于主动披露该信息的企业在维持良好组织声誉中所付出的努力。这里的成本不仅包含经济资源,还包括时间成本。尽管成功的创新活动可以为企业带来良好的组织声誉,但其周期长、风险大,因此,为及早地恢复或提高组织声誉,非主动披露内部控制重大缺陷的企业通常会选择慈善捐赠、与媒体建立良好关系等立竿见影的办法,开展创新活动的概率较小,甚至为尽快恢复组织声誉挤占创新资金,进而加大了内部控制重大缺陷披露对企业创新投入的不利影响。相比之下，主动披露内部控制重大缺陷的企业，管理层为维持组织声誉在日常经营活动中可能更加努力，侵占或挪用创新资金等代理行为减少，甚至借助于创新活动进一步提升组织声誉（Henard and Dacin，2010），因而可以在一定程度上减弱内部控制重大缺陷披露对企业创新投入的不利影响。创新资金获取能力上存在差异的原因主要在于：声誉恢复是一个长期过程。相较于主动披露内部控制重大缺陷而赢得良好组织声誉的企业，未主动披露该信息的企业其不诚信行为将会被公开市场的信息集作为"污点"长期保留。在漫长的组织声誉恢复过程中，这类企业获取优质融资服务的难度较大，融资成本更高，且已有经验证据表明，负面声誉对企业融资规模的消极影响具有长期效应（朱沛华，2020）。由此可以推断，在组织声誉维护（或恢复）阶段，非主动披露内部控制重大缺陷的企业获取创新资金的难度高于主动披露该信息的企业，加重了内部控制重大缺陷披露对企业创新投入的不利影响。

基于以上分析，本书提出以下假设：

H5 - 1：内部控制重大缺陷披露在非主动披露该信息的企业中对企业创新投入的不利影响更大。

5.1.2 内部控制重大缺陷整改信息披露的调节作用

内部控制重大缺陷整改信息既能反映出企业对已存在的内部控制重大缺陷的整改效果，也有助于信息使用者深入了解企业内部控制薄弱环节，判断企业治理层和管理层在内部控制工作中的"自我纠错"能力，预测内部控制质量变化方向。因此，一方面，管理层可能为避免或减少内部控制重大缺陷整改给控股股东和自己实施利益侵占行为增加阻力，选择放弃或延缓内部控制重大缺陷整改工作；或为避免因披露整改信息而深度曝光内部控制重大缺陷相关信息，进而引起利益相关者对其组织能力和管理能力的质疑，选择减少披露内部控制重大缺陷整改信息。另一方面，管理层可能为了减少利益相关者对内部控制重大缺陷整改工作的疑虑，凸显自身能力，增强外部信息使用者对企业向好发展的信心，加紧整改内部控制重大缺陷并尽可能充分披露相关整改计划。可见，为自身利益考虑，管理层在内部控制重大缺陷整改信息披露工作中可能出现截然不同的选择。已有研究表明，披露内部控制缺陷及其整改信息可以缓解信息不对称（邱冬阳等，2010；Basu et al.，2018），披露的整改程度越高，企业盈余持续性越强（宫义飞和谢元芳，2018），且相较于未披露内部控制重大缺陷的企业，披露内部控制重大缺陷且实施整改的企业会计信息质量越高、融资成本越低（Felix and Wilford，2019）。可见，内部控制重大缺陷整改信息的披露具有信息增量，缺陷整改有助于改进内部控制，进而降低代理成本、提高盈余质量。那么，随着企业内部控制重大缺陷整改信息的详细披露和整改程度的提高，即内部控制重大缺陷整改信息披露越充分，内部控制重大缺陷披露对企业创新投入的不利影响是否会有所变化呢? 下文将基于风险认知理论和内部控制免疫系统论对该问题加以分析。

根据风险认知理论，风险评估受制于两个要素：恐惧和未知（Slovic，1987）。内部控制重大缺陷整改信息披露虽表明企业存在内部控制重大缺陷，但同时意味着企业已经开始着手整改该缺陷或明确了整改计划，不仅向外部信息使用者传递了管理层改进内部控制工作的积极态度，也隐含着企业实现内部控制最终目标，即企业发展战略的决心。因此，尽管内部控制重大缺陷披露会导致投资者和债权人质疑企业财务信息的完整真实性，引发对企业未来经营活动效率效果的担忧，但与内部控制重大缺陷相关的整改信息披露越详细、反映出来的整改程度越高，越有助于减少资金供给者对内部控制重大缺陷的"恐惧"，并对未来内部控制质量的改善形成合理预期，在缓解信息不对称的基础上，资金供给者会调低其对企业的风险评估等级和要求的风险溢价，企业面临的融资约束有所缓解，扩大创新资金来源的可能性更高（倪静洁和吴秋生，2020）。但若企业披露的内部控制重大缺陷整改信息越少、整改程度越低，甚至未披露整改信息，潜在投资者和债权人将难以判断企业内部控制质量改进的可能性，导致资金供给者无从下调对企业的风险评估等级，企业面临的融资约束仍处于较高水平。此外，考虑到管理层内部控制重大缺陷披露动机选择问题，未披露内部控制重大缺陷的企业其内部控制并不一定有效，因此，利益相关者对未披露内部控制重大缺陷的企业内部控制状况可能持质疑态度，而对披露内部控制重大缺陷及其整改信息的企业，资金供给者对其内部控制现状及未来发展有较为清晰的认识，心中"未知"的减少可以降低其风险认知水平，企业面临的融资约束得到适当缓解（Felix and Wilford，2019）。因此，内部控制重大缺陷整改信息披露通过作用于企业面临的融资约束，影响内部控制重大缺陷披露与企业创新投入间的负相关关系。

根据内部控制免疫系统论，若将企业视为一个有机整体，那么内部控制就是其"免疫系统"，具有发现并整改缺陷、维持自我平衡的免疫自稳功能，抵御内外部不利影响的免疫防御功能，总结企业共性问题并进行预警监测的免疫监视功能以及协调个人、组织与社会利益，实现三方共赢的免疫调节功能，且免疫自稳功能是后三项功能发挥作用的基础（贺伊琦，2011）。一般而言，由于利益相关者可以从企业下一期内部控制评价报告中获取信息，核验前期内部控制缺陷整改披露情况的真实性，所以在缺陷整改效果披露方面，企业"造假"的可能性较低，故披露的内部控制重大缺陷整改程度越高，意味着内部控制质量得到提升的程度越大，内部控制的免疫自稳功能越完善。由此可以推断，企业内部控制重大缺陷整改程度越高，内部控制对大股东"隧道挖掘"行为、管理层短视行为的监督越有力，对管理层个人利益与组织发展长远目标的协调越充分，越有助于激发企业创新动力。且企业披露内部控制重大缺陷并施以整改措施可能给企业提供了重新审视和重新设计内部控制的机会，而未披露内部控制重大缺陷意味着企业并未对内部控制进行彻底地检查和更新（Felix and Wilford，2019）。因此，披露内部控制重大缺陷及其整改信息的企业，其内部控制在整改中可能出现"质"的飞跃，企业的风险防范能力和内部监督力度加强，更有利于保证企业创新活动的开展和战略目标的实现。可见，内部控制重大缺陷整改程度越高，越有利于降低代理成本，缓解内部控制重大缺陷披露与企业创新投入的负相关关系。

基于以上分析，本书提出以下假设：

H5-2：内部控制重大缺陷整改信息披露越充分，内部控制重大缺陷披露对企业创新投入的不利影响越小。

5.1.3　内部控制重大缺陷披露及时性的调节作用

《评价指引》中要求企业内部控制评价报告应于每年12月31日后的四个月内报出，为企业提供了内部控制重大缺陷披露时间上的选择空间。博文等（Bowen et al.，1992）指出，及早披露可以降低信息使用者被其他信息误导的可能性，而延迟披露则可能改变市场反应的性质，因此，管理层可以借助于信息披露的时间选择影响投资者判断。具体到内部控制重大缺陷披露中，管理层可能为延缓内部控制重大缺陷披露带来的负面影响选择晚披露该信息，也可能为避免投资者根据市场负面信息传闻增加对企业内部控制有效性的猜测，选择及早披露内部控制重大缺陷。已有研究表明：企业信息披露及时性与其所传递的信息量正相关（Givoly and Palmon，1982）、信息披露时间选择已成为缩小企业内外部信息不对称差距的重要策略（朱晓婷和杨世忠，2006）；且企业管理层和大股东为避免坏消息引发的市场负面反应，并出于利用自身信息优势进行内幕交易趁机获利的动机，通常采取延迟披露策略，导致国内外资本市场普遍存在着"好消息早，坏消息晚"的规律（Haw et al.，2000；陈汉文和邓顺永，2004）。那么，内部控制重大缺陷披露对企业创新投入的负面影响程度是否因其披露及时性而有所不同？下文将基于信号理论和风险认知理论对该问题进行剖析。

一方面，尽管内部控制重大缺陷的披露会引发市场消极反应，强化企业面临的融资约束，但由于"好消息早，坏消息晚"的规律已为外部利益相关者熟知，因此，根据信号理论，即使是在披露内部控制重大缺陷这种负面信息时，那些相对高质量的公司为凸显自身优势，会有意识地利用这一规律及早披露该信息（王加灿，2015），且内部控制缺陷披露的最终目的在于整改缺陷并提高内部控制质量（田娟和余玉苗，2012），由此可以推断，同样是披露内部控制重大缺陷，披露越及时，说明企业管理层和控股股东越愿意承担内部控制重大缺陷披露带来的不利影响，风险承担意愿越强，且对缺陷整改工作有着更为积极的态度，因而代理成本相对较低，内部人侵占公司利益的可能性更小，开展创新活动的动力更足。因此，内部控制重大缺陷披露越及时，企业的风险承担意愿越强、代理成本越低，更有利于企业开展创新活动，缓解内部控制重大缺陷披露对企业创新投入的消极影响。

另一方面，越早披露内部控制重大缺陷越有助于投资者等利益相关者尽快了解内部控制情况，减少"未知"、缓解信息不对称，打消顾虑和质疑，越有助于降低信息使用者的信息搜寻时间成本和预测成本（朱晓婷和杨世忠，2006），越有利于缓解企业融资约束。而内部控制重大缺陷披露时间越晚，投资者等利益相关者对企业内部控制质量的质疑和猜测越多，越可能受市场"噪音"的干扰，且由于决策依据的匮乏，投资者可能期望通过其他来源获取信息，交易成本和要求的风险溢价加大，企业面临的融资约束水平随之上升。因此，在均披露内部控制重大缺陷的情况下，披露越及时，越有助于缓解信息不对称、降低企业融资约束，减弱内部控制重大缺陷披露对企业创新投入的不利影响。

基于以上分析，本书提出以下假设：

H5－3：内部控制重大缺陷披露越及时，内部控制重大缺陷披露对企业创新投入的不利影响越小。

本节的逻辑关系如图 5－1 所示。

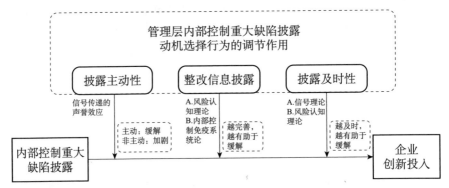

图 5－1　管理层内部控制重大缺陷披露动机选择行为的调节作用逻辑关系
资料来源：作者采用 Visio 软件绘制。

5.2　研 究 设 计

5.2.1　变量定义

为验证上述三个假设，本章采用如下方式衡量内部控制重大缺陷披露主动性、整改信息披露和披露及时性，并验证三者在内部控制重大缺陷披露与企业创新投入关系中的调节作用，其他变量的定义、样本选择和数据来源同第 4 章。

5.2.1.1　内部控制重大缺陷披露主动性（*Acr*）

根据《审计指引》第二十二条的规定，借鉴吴秋生和郭飞（2020）的研究，以内部控制重大缺陷四迹象作为界定标准，具体如表 5－1 所示，若企业内部控制评价报告披露内部控制重大缺陷的时间早于四迹象的暴露时间，或未有迹象表明企业存在内部控制重大缺陷，但企业内部控制评价报告披露了该类型缺陷，为主动披露该信息，赋值为 1，否则为 0。

表 5 - 1　　　　　　　　内部控制重大缺陷迹象判定及其数据来源

内部控制重大缺陷迹象	判断标准	数据来源	文献依据
注册会计师发现董事、监事和高级管理人员舞弊	公司及其高管违规公告（被证监会、财政部、深交所和上交所采取谴责、罚款、警告、禁入市场、批评以及其他处罚方式的公司）	国泰安（CSMAR）数据库	李万福等（2011）；叶建芳等（2012）
注册会计师更正已经公布的财务报表	发布财务报表更正公告的公司（剔除缺失更正说明，以及会计政策变更、估计变更、新准则的采用和说明性文字错误而引起重述的情况）	国泰安（CSMAR）数据库	赵息和许宁宁（2013）
注册会计师发现当期财务报表存在重大错报，而内部控制在运行过程中未能发现该错报	财务报告被审计师出具非标准审计意见的公司	国泰安（CSMAR）数据库	李万福等（2011）；叶建芳等（2012）
企业审计委员会和内部审计机构对内部控制的监督无效	内部控制审计报告被审计师出具非标准意见	迪博（DIB）数据库	方红星和戴捷敏（2012）；余海宗（2013）

资料来源：作者整理所得。

5.2.1.2　内部控制重大缺陷整改信息披露（*Rev*）

参照宫义飞和谢元芳（2018）的研究，首先，根据企业内部控制评价报告中披露的内部控制重大缺陷整改情况对上市公司当年度每个内部控制重大缺陷的整改信息逐一赋值，若某一内部控制重大缺陷已经开始整改，且在本期内整改运行有效赋值为 3；若已经开始整改，但本期内未完成整改或未披露整改运行效果赋值为 2；若尚未开始整改，但有整改计划赋值为 1；若尚未开始整改，且未披露整改计划赋值为 0。其次，将当年度所有内部控制重大缺陷整改信息赋值之和除以当年度内部控制重大缺陷个数，计算该公司当年度内部控制重大缺陷整改信息披露得分。此外，考虑到披露内部控制重大缺陷及其整改信息的企业可能有机会重新检查和设计内部控制，比从未披露内部控制重大缺陷的企业提供了更多的信息（Felix and Wilford，2019），因此，将本期未披露内部控制重大缺陷的企业整改信息得分赋值为 0。最后，将上一步计算的得分加 1 后取自然对数，该值越大，说明内部控制重大缺陷整改信息披露越充分。

5.2.1.3 内部控制重大缺陷披露及时性（Lag）

参照王加灿（2015）的做法，以内部控制评价报告披露基准日（12月31日）与内部控制评价报告实际披露日之间间隔的日历天数加1后取自然对数衡量内部控制重大缺陷披露及时性，该值越大，披露及时性越差。

5.2.2 模型构建

为验证假设 H5 – 1，按照内部控制重大缺陷披露主动性（Acr）对模型（4.1）进行分组回归，比较两组样本中是否披露内部控制重大缺陷变量（Posticmw）的系数，以考察内部控制重大缺陷披露主动性（Acr）对内部控制重大缺陷披露与企业创新投入关系的调节作用，并进一步采用 SUR 估计对分组回归结果进行组间系数差异检验。

为验证假设 H5 – 2 和假设 H5 – 3，参照褚剑和方军雄（2017）的做法，在模型（4.1）的基础上分别加入内部控制重大缺陷整改信息披露（Rev）和披露及时性（Lag）及两者与是否披露内部控制重大缺陷变量（Posticmw）的交乘项构建模型（5.1）和模型（5.2）。需要指出的是，为避免变量间的多重共线性，模型（5.1）构建过程中，先对内部控制重大缺陷整改信息披露（Rev）去中心化，然后再生成交乘项（Rev_Posticmw）以表征整改信息披露对内部控制重大缺陷披露与企业创新投入关系的调节作用；同理，模型（5.2）的构建过程中，在对内部控制重大缺陷披露及时性（Lag）去中心化的基础上生成交乘项（Lag_Posticmw），以表征披露及时性对内部控制重大缺陷披露与企业创新投入关系的调节作用。

$$RD_{i,t+1} = \beta_0 + \beta_1 Posticmw_{i,t} + \beta_2 Rev_{i,t} + \beta_3 Rev\_Posticmw_{i,t}$$
$$+ \beta_4 Controls_{i,t} + firm_i + year_t + \omega_{i,t} \quad (5.1)$$

$$RD_{i,t+1} = \gamma_0 + \gamma_1 Posticmw_{i,t} + \gamma_2 Lag_{i,t} + \gamma_3 Lag\_Posticmw_{i,t}$$
$$+ \gamma_4 Controls_{i,t} + firm_i + year_t + \epsilon_{i,t} \quad (5.2)$$

上述模型中的 RD、Controls 等变量同模型（4.1）所述。模型（5.1）中主要考察交乘项 Rev_Posticmw 的系数 β_3，若 β_3 显著为正，则 H2 得到验证；模型（5.2）中主要考察交乘项 Lag_Posticmw 的系数 γ_3，若 γ_3 显著为

正，则 H3 得到验证。

5.3 实证结果与分析

5.3.1 描述性统计

表 5 - 2 报告了 5.2.1 小节所定义变量的描述性统计结果，从中可以看出，内部控制重大缺陷披露主动性（*Acr*）的均值为 0.0129，最小值为 0.0000，最大值为 1.0000，说明样本中主动披露内部控制重大缺陷的企业占比很低；内部控制重大缺陷整改信息披露（*Rev*）的均值为 0.0071，最小值为 0.0000，最大值为 1.3863，标准差为 0.0924，说明样本企业整改信息披露不够完善，且差异不大；内部控制重大缺陷披露及时性（*Lag*）的均值为 4.5635，中位数为 4.6151，两者差异小，基本呈正态分布，最小值为 3.6889，最大值为 4.8040，标准差为 0.2092，说明样本企业披露及时性差异不大。

表 5 - 2   主要变量描述性统计

变量	样本量	均值	标准差	p25	p50	p75	最小值	最大值
Acr	7 884	0.0129	0.1130	0.0000	0.0000	0.0000	0.0000	1.0000
Rev	7 884	0.0071	0.0924	0.0000	0.0000	0.0000	0.0000	1.3863
Lag	7 884	4.5635	0.2092	4.4659	4.6151	4.7362	3.6889	4.8040

注：p25、p50 和 p75 分别表示 1/4、1/2 和 3/4 分位数。
资料来源：作者采用 Stata 软件计算整理而得。

5.3.2 相关性分析

由表 5 - 3 主要变量相关性分析结果可知，主要变量两两之间的相关系数均不超过 0.7，且大部分变量间的相关系数均在 1% 水平上显著相关，说明基于这些变量构建的模型基本满足非多重共线性要求；同时，方差膨胀因子检验（VIF）检验结果表明，各变量 VIF 的最大值为 2.80，平均 VIF 值为 1.35，由此可以推断，各变量之间不存在较为严重的多重共线性问题。

表 5 – 3　　　　　　　　　主要变量相关性分析结果

变量	F. RD	Posticmw	Acr	Rev	Lag
F. RD	1. 0000				
Posticmw	− 0. 0394 ***	1. 0000			
Acr	− 0. 0482 ***	0. 2452 ***	1. 0000		
Rev	− 0. 0341 ***	0. 5501 ***	0. 2303 ***	1. 0000	
Lag	0. 0125	0. 0322 ***	0. 0066	0. 0390 ***	1. 0000

注：*** 分别代表在 1% 的水平上显著。

资料来源：作者采用 Stata 软件计算整理而得。

5.3.3　回归结果与分析

由表 5 – 4 中的检验结果可知，在主动披露内部控制重大缺陷组（$Acr = 1$）中，是否披露内部控制重大缺陷（$Posticmw$）的回归系数（− 0. 3426）虽为负但不显著，而在非主动披露内部控制重大缺陷组（$Acr = 0$）中，是否披露内部控制重大缺陷（$Posticmw$）的系数（− 0. 1671）在 10% 的水平上显著为负，说明内部控制重大缺陷披露对企业创新投入的不利影响仅在非主动披露该信息的企业中存在，假设 H5 – 1 得到验证。内部控制重大缺陷整改信息披露（Rev）与是否披露内部控制重大缺陷（$Posticmw$）的交乘项（$Rev\_Posticmw$）回归系数（1. 8730）在 1% 的水平上显著为正，说明内部控制重大缺陷整改信息披露越充分，越有助于缓解内部控制重大缺陷披露对企业创新投入的不利影响，假设 H5 – 2 得到验证。内部控制重大缺陷披露及时性（Lag）与是否披露内部控制重大缺陷（$Posticmw$）的交乘项（$Lag\_Posticmw$）回归系数（0. 2997）虽为正但不显著，说明内部控制重大缺陷披露及时性不能显著影响内部控制重大缺陷披露与企业创新投入的关系，假设 H5 – 3 未得到验证，究其原因可能在于企业与外部利益相关者之间的沟通渠道随着信息技术的进步日益多样化，尤其是网络论坛、微博等日渐兴起的自媒体传播方式能够直接、快速甚至利用"推送"技术精准地传递信息，即便在不提供额外信息的情况下，这些新的信息传播途径也因其即时、低成本、便于多方互动的特性弥补了传统信息沟通方式的不足（Blankespoor et al. ，2013），有效缓解信息不对称，且已有研究表明，上市公司通过微博积极与投资者沟通可以抵减内部控制缺陷信息披露的负面市场反应（徐静等，2018），使得上市公司内部控制重大缺陷披露及时性不再是外部利益相关者关注的重点，因而未能发挥其调节作用。

表 5 - 4　　　　　　　　　　　　基准回归检验结果

变量	Acr = 1	Acr = 0	Rev	Lag
	F. RD	F. RD	F. RD	F. RD
Posticmw	- 0. 3426	- 0. 1671 *	- 0. 2102 **	- 0. 2609 ***
	(- 1. 5903)	(- 1. 9579)	(- 2. 5525)	(- 3. 5004)
Rev			- 1. 6741 ***	
			(- 3. 1205)	
Rev_Posticmw			1. 8730 ***	
			(3. 0651)	
Lag				- 0. 0526 *
				(- 1. 6653)
Lag_Posticmw				0. 2997
				(1. 0522)
Size	0. 7587 ***	0. 6067 ***	0. 6064 ***	0. 6089 ***
	(2. 9926)	(24. 5119)	(24. 6425)	(24. 6531)
Age	- 6. 3876 ***	0. 0519	- 0. 0560	- 0. 0701
	(- 3. 2971)	(0. 2708)	(- 0. 2944)	(- 0. 3688)
Cash	- 0. 2191	- 0. 2272 ***	- 0. 2268 ***	- 0. 2300 ***
	(- 0. 3204)	(- 3. 2221)	(- 3. 2436)	(- 3. 2873)
TobinQ	0. 1649 **	0. 0286 ***	0. 0291 ***	0. 0288 ***
	(2. 3646)	(5. 5051)	(5. 6172)	(5. 5469)
Capex	- 0. 6468	- 0. 1412 **	- 0. 1507 **	- 0. 1541 **
	(- 1. 3487)	(- 2. 2629)	(- 2. 4396)	(- 2. 4942)
Lev	2. 0278 **	- 0. 1247	- 0. 1032	- 0. 1007
	(2. 3277)	(- 1. 5089)	(- 1. 2552)	(- 1. 2245)
Profit	0. 5463	0. 2120 ***	0. 2160 ***	0. 2081 ***
	(1. 2393)	(3. 2132)	(3. 3311)	(3. 1931)
Top1	2. 4648	- 0. 2390 *	- 0. 2344	- 0. 2421 *
	(1. 4883)	(- 1. 6589)	(- 1. 6374)	(- 1. 6906)
Dual	0. 0186	0. 0424 *	0. 0423 *	0. 0411 *
	(0. 0946)	(1. 8271)	(1. 8424)	(1. 7865)
Sep	0. 0140	0. 0064 ***	0. 0064 ***	0. 0063 ***
	(0. 3587)	(2. 7131)	(2. 7299)	(2. 6970)
Lnpay	0. 2929	0. 0914 ***	0. 0957 ***	0. 0935 ***
	(1. 1500)	(4. 0387)	(4. 2475)	(4. 1481)

变量	Acr = 1	Acr = 0	Rev	Lag
	F. RD	F. RD	F. RD	F. RD
Big4	—	− 0. 1060	− 0. 1060	− 0. 1050
	—	(− 1. 3761)	(− 1. 3709)	(− 1. 3552)
Seg	0. 1128	0. 0451 **	0. 0437 **	0. 0438 **
	(0. 4022)	(2. 0458)	(1. 9889)	(1. 9942)
HHI	− 0. 8753	0. 1718	0. 1793	0. 1824
	(− 0. 6815)	(1. 4389)	(1. 5093)	(1. 5345)
Sub	0. 6864	− 0. 8625 *	− 0. 7559	− 0. 8015
	(0. 1124)	(− 1. 6743)	(− 1. 4761)	(− 1. 5641)
Constant	11. 9786	3. 0461 ***	3. 2659 ***	3. 5250 ***
	(1. 5668)	(4. 0629)	(4. 3857)	(4. 6890)
firm & year	控制	控制	控制	控制
样本量	102	7 782	7 884	7 884
Within_R^2	0. 4995	0. 4290	0. 4267	0. 4261
F 值	2. 6613	188. 3744	173. 4318	172. 9841

注：***、**、* 分别代表在1%、5%、10%的水平上显著，括号内为 T 值。采用 suest 命令执行 SUR 估计对内部控制重大缺陷披露主动性分组进行组间系数差异检验：Prob > chi2 = 0.0380，说明两组之间存在显著差异。Big4 的结果略去，因为该变量与其他变量存在完全共线性。

资料来源：作者采用 Stata 软件计算整理而得。

5.3.4　稳健性检验

5.3.4.1　基于 PSM 方法配对样本的检验

与第4.3.4小节相同，为排除管理者风险偏好等内生遗漏变量对研究结论造成的干扰，采用 PSM 方法对研究样本进行配对，再利用配对样本进行回归。如表5−5所示，在主动披露内部控制重大缺陷样本组（Acr = 1）中，是否披露内部控制重大缺陷（Posticmw）的回归系数（− 0. 3426）不显著，而在非主动披露内部控制重大缺陷样本组（Acr = 0）中，该变量的回归系数（− 0. 1850）在5%的水平上显著为负；内部控制重大缺陷整改信息披露（Rev）与是否披露内部控制重大缺陷（Posticmw）的交乘项（Rev_Posticmw）回归系数（1. 7813）在1%的水平上显著为正；而内部控制重大缺陷信息披露及时性（Lag）与是否披露内部控制重大缺陷（Posticmw）的交乘项（Lag_Posticmw）回归系数（0. 2766）不显著，因此，在控制了可能存在的内生遗漏变量情况下，本书研究结论依然成立。

表 5-5　　　　　　　　　PSM 配对样本检验结果

变量	$Acr = 1$	$Acr = 0$	Rev	Lag
	$F.\,RD$	$F.\,RD$	$F.\,RD$	$F.\,RD$
$Posticmw$	-0.3426	-0.1850**	-0.1444*	-0.2158***
	(-1.5903)	(-2.1695)	(-1.6804)	(-2.8088)
Rev			-1.6102***	
			(-3.1660)	
$Rev\_Posticmw$			1.7813***	
			(3.0709)	
Lag				0.0447
				(0.5587)
$Lag\_Posticmw$				0.2766
				(0.9833)
$Size$	0.7587***	0.3761***	0.5551***	0.5435***
	(2.9926)	(6.8551)	(9.0761)	(8.8099)
Age	-6.3876***	0.4836	-0.2666	-0.3312
	(-3.2971)	(0.8755)	(-0.5290)	(-0.6553)
$Cash$	-0.2191	0.3499*	0.2606	0.2539
	(-0.3204)	(1.7915)	(1.4427)	(1.3998)
$TobinQ$	0.1649**	0.0243	0.0573***	0.0579***
	(2.3646)	(1.6421)	(3.9111)	(3.9308)
$Capex$	-0.6468	0.0711	-0.2636*	-0.2658*
	(-1.3487)	(0.4667)	(-1.8754)	(-1.8755)
Lev	2.0278**	0.0687	0.0966	0.1517
	(2.3277)	(0.3348)	(0.4924)	(0.7674)
$Profit$	0.5463	0.2434	0.3032**	0.3314**
	(1.2393)	(1.5155)	(2.1435)	(2.2986)
$Top1$	2.4648	-0.8908**	-0.4471	-0.5085
	(1.4883)	(-2.3157)	(-1.2201)	(-1.3824)
$Dual$	0.0186	-0.0254	-0.0032	-0.0162
	(0.0946)	(-0.4425)	(-0.0603)	(-0.2980)
Sep	0.0140	0.0131*	0.0098	0.0098
	(0.3587)	(1.9116)	(1.4962)	(1.4889)
$Lnpay$	0.2929	0.1077*	0.1315**	0.1163**
	(1.1500)	(1.8828)	(2.4051)	(2.1174)
$Big4$	—	0.2319	0.2715	0.2691
	—	(1.0503)	(1.2199)	(1.2021)
Seg	0.1128	-0.0572	-0.0528	-0.0532
	(0.4022)	(-1.0319)	(-0.9921)	(-0.9935)

续表

变量	Acr = 1	Acr = 0	Rev	Lag
	F. RD	F. RD	F. RD	F. RD
HHI	− 0. 8753	− 0. 0246	0. 0929	0. 1233
	(− 0. 6815)	(− 0. 0856)	(0. 3367)	(0. 4447)
Sub	0. 6864	− 1. 2994	− 0. 8246	− 1. 1764
	(0. 1124)	(− 0. 9063)	(− 0. 6165)	(− 0. 8729)
Constant	11. 9786	6. 8840 ***	4. 3068 **	4. 7537 **
	(1. 5668)	(3. 7926)	(2. 3006)	(2. 5223)
firm & year	控制	控制	控制	控制
样本量	102	1 836	1 938	1 938
Within_R^2	0. 4995	0. 4215	0. 4263	0. 4197
F 值	2. 6613	22. 5889	23. 4339	22. 8155

注：*** 、** 、* 分别代表在1%、5%、10%的水平上显著，括号内为 T 值。采用 suest 命令执行 SUR 估计，对内部控制重大缺陷披露主动性分组进行组间系数差异检验：Prob > chi2 = 0. 080 6，说明两组之间存在显著差异。Big4 的结果略去，因为该变量与其他变量存在完全共线性。

资料来源：作者采用 Stata 软件计算整理而得。

5.3.4.2 模型设定、变量设定以及样本选择的稳健性检验

与第4.3.4 小节相同，分别采用托宾 Q 方程和欧拉方程模型，变换因变量和控制变量以及删除特殊样本的方式进行模型设定、变量设定以及样本选择的稳健性检验，考察管理层内部控制重大缺陷披露动机选择行为对内部控制重大缺陷披露与企业创新投入关系的调节作用，回归结果如表5 - 6 ~ 表5 - 10 所示，检验结果与基准回归检验结果基本一致，说明本书研究结论可靠性较强。

表5 - 6   **基于托宾 Q 方程的检验结果**

变量	Acr = 1	Acr = 0	Rev	Lag
	F. RD	F. RD	F. RD	F. RD
Posticmw	− 0. 2248	− 0. 1418 *	− 0. 1589 **	− 0. 2194 ***
	(− 1. 0452)	(− 1. 7961)	(− 2. 1041)	(− 3. 2153)
Rev			− 1. 6403 ***	
			(− 3. 4125)	
Rev_Posticmw			1. 8052 ***	
			(3. 2975)	

变量	Acr = 1	Acr = 0	Rev	Lag
	F. RD	F. RD	F. RD	F. RD
Lag				- 0. 0698 **
				(- 2. 4519)
Lag_Posticmw				0. 2656
				(1. 0354)
RD	0. 4705 *	0. 3362 ***	0. 3357 ***	0. 3357 ***
	(1. 9999)	(26. 0229)	(26. 7552)	(26. 7437)
Size	0. 5823 *	0. 2747 ***	0. 3716 ***	0. 3753 ***
	(1. 8591)	(13. 0244)	(15. 6919)	(15. 7967)
Age	- 5. 0173 **	0. 1304	0. 0794	0. 0636
	(- 2. 1533)	(0. 7481)	(0. 4611)	(0. 3692)
Cash	- 0. 4397	- 0. 0462	- 0. 1114 *	- 0. 1168 *
	(- 0. 6077)	(- 0. 7210)	(- 1. 7655)	(- 1. 8495)
TobinQ	0. 1893 ***	0. 0072	0. 0253 ***	0. 0249 ***
	(2. 7396)	(1. 5864)	(5. 4299)	(5. 3373)
Capex	- 0. 4025	0. 1207 **	- 0. 0726	- 0. 0763
	(- 0. 7834)	(2. 1019)	(- 1. 3021)	(- 1. 3688)
Lev	1. 9292 **	0. 0553	0. 0281	0. 0276
	(2. 1727)	(0. 7347)	(0. 3791)	(0. 3727)
Profit	0. 7781 *	0. 2797 ***	0. 3038 ***	0. 2932 ***
	(1. 7787)	(4. 6285)	(5. 1997)	(4. 9936)
Top1	2. 9546	- 0. 3345 ***	- 0. 1508	- 0. 1574
	(1. 5815)	(- 2. 5855)	(- 1. 1684)	(- 1. 2193)
Dual	- 0. 1116	0. 0195	0. 0202	0. 0194
	(- 0. 5449)	(0. 9271)	(0. 9801)	(0. 9402)
Sep	0. 0352	0. 0053 **	0. 0044 **	0. 0044 **
	(0. 8533)	(2. 4640)	(2. 0855)	(2. 0420)
Lnpay	0. 5838 **	0. 0523 **	0. 0628 ***	0. 0605 ***
	(2. 1532)	(2. 4982)	(3. 0517)	(2. 9405)
Big4	—	- 0. 0376	- 0. 0381	- 0. 0359
	—	(- 0. 5221)	(- 0. 5303)	(- 0. 4994)
Seg	0. 4056	0. 0486 **	0. 0386 *	0. 0388 *
	(1. 3192)	(2. 4328)	(1. 9521)	(1. 9579)
HHI	- 0. 7636	0. 0811	0. 1115	0. 1138
	(- 0. 6021)	(0. 7538)	(1. 0458)	(1. 0678)
Sub	2. 0832	- 0. 0706	- 0. 5921	- 0. 6318
	(0. 3314)	(- 0. 1512)	(- 1. 2883)	(- 1. 3737)

续表

变量	Acr = 1	Acr = 0	Rev	Lag
	F. RD	F. RD	F. RD	F. RD
Constant	− 0. 4271	4. 8586 ***	2. 5556 ***	2. 8741 ***
	(− 0. 0474)	(7. 7577)	(3. 7961)	(4. 2300)
firm & year	控制	控制	控制	控制
样本量	98	7 592	7 690	7 690
Within_R^2	0. 5205	0. 5132	0. 5170	0. 5166
F 值	2. 5656	246. 1330	232. 9825	232. 5414

注: *** 、** 、* 分别代表在 1%、5%、10% 的水平上显著,括号内为 T 值。采用 suest 命令执行 SUR 估计对内部控制重大缺陷披露主动性分组进行组间系数差异检验: Prob > chi2 = 0. 000 5,说明两组之间存在显著差异。Big4 的结果略去,因为该变量与其他变量存在完全共线性。

资料来源: 作者采用 Stata 软件计算整理而得。

表 5 − 7　　　　　　　　　　基于欧拉方程的检验结果

变量	Acr = 1	Acr = 0	Rev	Lag
	F. RD	F. RD	F. RD	F. RD
Posticmw	− 0. 2261	− 0. 1394 *	− 0. 1597 **	− 0. 2193 ***
	(− 1. 0408)	(− 1. 7656)	(− 2. 1145)	(− 3. 2150)
Rev			− 1. 6450 ***	
			(− 3. 4236)	
Rev_Posticmw			1. 8117 ***	
			(3. 3104)	
Lag				− 0. 0711 **
				(− 2. 4958)
Lag_Posticmw				0. 2627
				(1. 0246)
RD	0. 8484	0. 6575 ***	0. 6253 ***	0. 6296 ***
	(0. 3388)	(4. 8617)	(4. 6726)	(4. 7014)
RD^2	− 0. 0108	− 0. 0092 **	− 0. 0083 **	− 0. 0084 **
	(− 0. 1516)	(− 2. 3869)	(− 2. 1736)	(− 2. 2045)
Size	0. 5757 *	0. 2827 ***	0. 3781 ***	0. 3820 ***
	(1. 8037)	(13. 2433)	(15. 8460)	(15. 9543)
Age	− 5. 0884 **	0. 1185	0. 0694	0. 0533
	(− 2. 1214)	(0. 6797)	(0. 4026)	(0. 3094)
Cash	− 0. 4175	− 0. 0322	− 0. 1004	− 0. 1056 *
	(− 0. 5606)	(− 0. 5010)	(− 1. 5855)	(− 1. 6676)

续表

变量	Acr = 1	Acr = 0	Rev	Lag
	F. RD	F. RD	F. RD	F. RD
TobinQ	0. 1914 ***	0. 0075 *	0. 0259 ***	0. 0255 ***
	(2. 6913)	(1. 6493)	(5. 5403)	(5. 4478)
Capex	− 0. 4074	0. 1307 **	− 0. 0682	− 0. 0719
	(− 0. 7839)	(2. 2710)	(− 1. 2231)	(− 1. 2893)
Lev	1. 9255 **	0. 0495	0. 0246	0. 0240
	(2. 1474)	(0. 6573)	(0. 3320)	(0. 3238)
Profit	0. 7992 *	0. 2794 ***	0. 3060 ***	0. 2951 ***
	(1. 7258)	(4. 6247)	(5. 2390)	(5. 0284)
Top1	2. 9744	− 0. 3300 **	− 0. 1448	− 0. 1513
	(1. 5733)	(− 2. 5519)	(− 1. 1217)	(− 1. 1718)
Dual	− 0. 1201	0. 0200	0. 0205	0. 0198
	(− 0. 5607)	(0. 9521)	(0. 9943)	(0. 9562)
Sep	0. 0364	0. 0055 **	0. 0046 **	0. 0045 **
	(0. 8586)	(2. 5579)	(2. 1697)	(2. 1277)
Lnpay	0. 5910 **	0. 0548 ***	0. 0654 ***	0. 0632 ***
	(2. 1275)	(2. 6122)	(3. 1775)	(3. 0686)
Big4	—	− 0. 0422	− 0. 0421	− 0. 0399
	—	(− 0. 5853)	(− 0. 5858)	(− 0. 5551)
Seg	0. 4032	0. 0482 **	0. 0384 *	0. 0385 *
	(1. 2972)	(2. 4180)	(1. 9387)	(1. 9443)
HHI	− 0. 7784	0. 0726	0. 1040	0. 1062
	(− 0. 6063)	(0. 6739)	(0. 9755)	(0. 9959)
Sub	2. 3596	− 0. 0801	− 0. 6114	− 0. 6513
	(0. 3574)	(− 0. 1715)	(− 1. 3307)	(− 1. 4164)
Constant	− 3. 5072	1. 8950	− 0. 1190	0. 1636
	(− 0. 1575)	(1. 3628)	(− 0. 0848)	(0. 1164)
firm & year	控制	控制	控制	控制
样本量	98	7 592	7 690	7 690
Within_R²	0. 5207	0. 5138	0. 5174	0. 5170
F 值	2. 4089	236. 3212	224. 3567	223. 9430

注： *** 、 ** 、 * 分别代表在1%、5%、10%的水平上显著，括号内为 T 值。采用 suest 命令执行 SUR 估计对内部控制重大缺陷披露主动性分组进行组间系数差异检验：Prob > chi2 = 0.0004，说明两组之间存在显著差异。Big4 的结果略去，因为该变量与其他变量存在完全共线性。

资料来源：作者采用 Stata 软件计算整理而得。

表 5 - 8 变换因变量的检验结果

变量	Acr = 1	Acr = 0	Rev	Lag
	F. RD	F. RD	F. RD	F. RD
Posticmw	-0.0034	-0.0006	-0.0031**	-0.0032**
	(-0.7506)	(-0.4553)	(-2.2265)	(-2.5393)
Rev			-0.0306***	
			(-3.4143)	
Rev_Posticmw			0.0360***	
			(3.5295)	
Lag				0.0003
				(0.4794)
Lag_Posticmw				0.0051
				(1.0720)
Size	-0.0018	-0.0022***	-0.0023***	-0.0023***
	(-0.3454)	(-5.4264)	(-5.5888)	(-5.6102)
Age	-0.0898**	0.0014	-0.0002	-0.0002
	(-2.1950)	(0.4503)	(-0.0508)	(-0.0688)
Cash	0.0020	-0.0014	-0.0015	-0.0015
	(0.1376)	(-1.2158)	(-1.3038)	(-1.2798)
TobinQ	0.0030**	-0.0002**	-0.0002**	-0.0002**
	(2.0447)	(-2.2645)	(-2.0415)	(-1.9898)
Capex	-0.0052	-0.0035***	-0.0036***	-0.0037***
	(-0.5089)	(-3.4183)	(-3.4964)	(-3.5550)
Lev	0.0478**	-0.0012	-0.0006	-0.0005
	(2.5960)	(-0.8586)	(-0.4525)	(-0.3325)
Profit	0.0017	-0.0008	-0.0007	-0.0007
	(0.1854)	(-0.6904)	(-0.6762)	(-0.6345)
Top1	0.0234	-0.0083***	-0.0081***	-0.0083***
	(0.6697)	(-3.4599)	(-3.3660)	(-3.4565)
Dual	0.0019	0.0003	0.0003	0.0003
	(0.4590)	(0.8550)	(0.8643)	(0.7553)
Sep	-0.0001	0.0001	0.0000	0.0001
	(-0.1510)	(1.5011)	(1.2579)	(1.2764)
Lnpay	0.0073	0.0027***	0.0027***	0.0027***
	(1.3530)	(7.1385)	(7.2955)	(7.1733)
Big4	—	0.0003	0.0003	0.0002
	—	(0.2007)	(0.2017)	(0.1901)
Seg	-0.0002	0.0004	0.0004	0.0004
	(-0.0294)	(0.9707)	(0.9790)	(0.9809)

续表

变量	Acr = 1	Acr = 0	Rev	Lag
	F. RD	F. RD	F. RD	F. RD
HHI	− 0. 0273	0. 0027	0. 0030	0. 0030
	(− 1. 0069)	(1. 3791)	(1. 5189)	(1. 5228)
Sub	− 0. 0667	− 0. 0155 *	− 0. 0152 *	− 0. 0159 *
	(− 0. 5175)	(− 1. 8081)	(− 1. 7719)	(− 1. 8572)
Constant	0. 1730	0. 0345 ***	0. 0390 ***	0. 0391 ***
	(1. 0719)	(2. 7681)	(3. 1342)	(3. 1093)
firm & year	控制	控制	控制	控制
样本量	102	7 782	7 884	7 884
Within_R^2	0. 3968	0. 0576	0. 0582	0. 0563
F 值	1. 7542	15. 3361	14. 4078	13. 9072

注：***、**、* 分别代表在 1%、5%、10% 的水平上显著，括号内为 T 值。采用 suest 命令执行 SUR 估计对内部控制重大缺陷披露主动性分组进行组间系数差异检验：Prob > chi2 = 0. 0050，说明两组之间存在显著差异。Big4 的结果略去，因为该变量与其他变量存在完全共线性。

资料来源：作者采用 Stata 软件计算整理而得。

表 5 - 9　　　　　　　　　　变换控制变量的检验结果

变量	Acr = 1	Acr = 0	Rev	Lag
	F. RD	F. RD	F. RD	F. RD
Posticmw	− 0. 3023	− 0. 1999 **	− 0. 1969 **	− 0. 2475 ***
	(− 1. 2729)	(− 2. 3418)	(− 2. 4094)	(− 3. 3434)
Rev			− 1. 6937 ***	
			(− 3. 1778)	
Rev_Posticmw			1. 9105 ***	
			(3. 1464)	
Lag				− 0. 0428
				(− 1. 3609)
Lag_Posticmw				0. 3742
				(1. 3225)
Size	0. 7426 ***	0. 4833 ***	0. 6389 ***	0. 6406 ***
	(3. 7788)	(22. 2641)	(24. 5332)	(24. 5324)
Age	− 4. 9486 **	− 0. 1123	− 0. 0818	− 0. 0928
	(− 2. 5968)	(− 0. 5802)	(− 0. 4309)	(− 0. 4885)
Cfo	− 0. 1509	− 0. 0826	0. 2105 *	0. 2200 *
	(− 0. 0949)	(− 0. 7003)	(1. 8025)	(1. 8821)
TobinQ	0. 1598 **	0. 0018	0. 0273 ***	0. 0271 ***
	(2. 2091)	(0. 3478)	(5. 2228)	(5. 1873)
Tang	0. 9637	0. 0867	0. 4918 ***	0. 4897 ***
	(1. 1495)	(1. 0163)	(5. 6823)	(5. 6540)

续表

变量	Acr = 1	Acr = 0	Rev	Lag
	F. RD	F. RD	F. RD	F. RD
Lev_t	1. 3857 **	0. 0011	− 0. 1242 *	− 0. 1205 *
	(2. 1251)	(0. 0163)	(− 1. 8305)	(− 1. 7753)
Roe	0. 6011	0. 1022	0. 4151 ***	0. 3992 ***
	(0. 7099)	(1. 1283)	(4. 7738)	(4. 5667)
Top2	0. 0343 *	− 0. 0040 ***	− 0. 0022 *	− 0. 0023 *
	(1. 9912)	(− 3. 0401)	(− 1. 6884)	(− 1. 7366)
Dual	− 0. 2477	0. 0502 **	0. 0480 **	0. 0465 **
	(− 1. 0907)	(2. 1420)	(2. 0881)	(2. 0176)
Sep	0. 0577	0. 0071 ***	0. 0060 **	0. 0059 **
	(1. 4226)	(3. 0338)	(2. 5767)	(2. 5418)
Lnpay	0. 2691	0. 0734 ***	0. 0853 ***	0. 0829 ***
	(1. 0613)	(3. 1897)	(3. 7763)	(3. 6680)
Big4	—	− 0. 1022	− 0. 1092	− 0. 1080
		(− 1. 3213)	(− 1. 4205)	(− 1. 4037)
Seg	0. 0774	0. 0516 **	0. 0439 **	0. 0441 **
	(0. 2664)	(2. 3353)	(2. 0154)	(2. 0232)
HHI	− 1. 0777	0. 1478	0. 1851	0. 1881
	(− 0. 7880)	(1. 2312)	(1. 5631)	(1. 5876)
Sub	− 0. 1169	0. 3241	− 1. 0467 **	− 1. 0966 **
	(− 0. 0193)	(0. 6272)	(− 2. 0759)	(− 2. 1729)
Bod	− 0. 2443	0. 2180 ***	0. 2377 ***	0. 2474 ***
	(− 0. 2918)	(2. 8266)	(3. 1403)	(3. 2686)
Indr	− 0. 1485	0. 0778	0. 1716	0. 1694
	(− 0. 0550)	(0. 3465)	(0. 7749)	(0. 7648)
Soe	—	− 0. 0721	− 0. 1133	− 0. 1103
	—	(− 0. 8082)	(− 1. 2774)	(− 1. 2416)
Epu	2. 7479 **	0. 9039 ***	0. 6703 ***	0. 6782 ***
	(2. 2001)	(8. 0304)	(5. 9550)	(6. 0280)
Constant	− 6. 5255	1. 2680 **	− 1. 6785 ***	− 1. 5158 ***
	(− 1. 0160)	(2. 4830)	(− 2. 9996)	(− 2. 6699)
firm & year	控制	控制	控制	控制
样本量	101	7 739	7 840	7 840
Within_R²	0. 5313	0. 4255	0. 4327	0. 4320
F 值	2. 6120	162. 3786	156. 9132	156. 4716

注：***、**、* 分别代表在 1%、5%、10% 的水平上显著，括号内为 T 值。采用 suest 命令执行 SUR 估计对内部控制重大缺陷披露主动性分组进行组间系数差异检验：Prob > chi2 = 0. 0280，说明两组之间存在显著差异。主动披露内部控制重大缺陷检验结果中 Big4 和 Soe 的结果略去，因为这两个变量与其他变量存在完全共线性。

资料来源：作者采用 Stata 软件计算整理而得。

表 5 – 10 删除特殊样本的检验结果

变量	Acr = 1	Acr = 0	Rev	Lag
	F. RD	F. RD	F. RD	F. RD
Posticmw	− 0. 3433	− 0. 1870 **	− 0. 2010 **	− 0. 2717 ***
	(− 1. 5958)	(− 2. 0957)	(− 2. 3501)	(− 3. 4608)
Rev			− 1. 1222 **	
			(− 2. 1762)	
Rev_Posticmw			1. 6543 **	
			(2. 0598)	
Lag				− 0. 0501
				(− 1. 5872)
Lag_Posticmw				0. 3794
				(1. 1936)
Size	0. 6999 ***	0. 6083 ***	0. 6076 ***	0. 6100 ***
	(2. 7452)	(24. 5756)	(24. 6740)	(24. 6947)
Age	− 6. 2645 ***	0. 0501	− 0. 0503	− 0. 0624
	(− 3. 2196)	(0. 2618)	(− 0. 2648)	(− 0. 3284)
Cash	− 0. 1547	− 0. 2221 ***	− 0. 2244 ***	− 0. 2267 ***
	(− 0. 2228)	(− 3. 1511)	(− 3. 2083)	(− 3. 2404)
TobinQ	0. 1615 **	0. 0288 ***	0. 0294 ***	0. 0291 ***
	(2. 3306)	(5. 5356)	(5. 6674)	(5. 5996)
Capex	− 0. 6683	− 0. 1425 **	− 0. 1528 **	− 0. 1552 **
	(− 1. 3953)	(− 2. 2849)	(− 2. 4745)	(− 2. 5135)
Lev	2. 1138 **	− 0. 1306	− 0. 1034	− 0. 1039
	(2. 4402)	(− 1. 5817)	(− 1. 2581)	(− 1. 2632)
Profit	0. 5351	0. 1969 ***	0. 1986 ***	0. 1934 ***
	(1. 0969)	(2. 9712)	(3. 0398)	(2. 9481)
Top1	2. 3656	− 0. 2381 *	− 0. 2325	− 0. 2378 *
	(1. 4317)	(− 1. 6533)	(− 1. 6239)	(− 1. 6609)
Dual	− 0. 0442	0. 0433 *	0. 0420 *	0. 0407 *
	(− 0. 2135)	(1. 8618)	(1. 8217)	(1. 7629)
Sep	− 0. 0189	0. 0070 ***	0. 0068 ***	0. 0067 ***
	(− 0. 4147)	(2. 9998)	(2. 8974)	(2. 8614)
Lnpay	0. 3574	0. 0934 ***	0. 0977 ***	0. 0961 ***
	(1. 3909)	(4. 1191)	(4. 3260)	(4. 2549)
Big4	—	− 0. 1061	− 0. 1061	− 0. 1049
	—	(− 1. 3753)	(− 1. 3709)	(− 1. 3555)
Seg	0. 1110	0. 0451 **	0. 0430 *	0. 0433 **
	(0. 3990)	(2. 0441)	(1. 9547)	(1. 9719)
HHI	− 0. 3955	0. 1621	0. 1755	0. 1783
	(− 0. 3077)	(1. 3674)	(1. 4868)	(1. 5103)

变量	Acr = 1	Acr = 0	Rev	Lag
	F. RD	F. RD	F. RD	F. RD
Sub	−3.9016	−0.7716	−0.7350	−0.7653
	(−0.5851)	(−1.5023)	(−1.4345)	(−1.4936)
Constant	12.2648	2.9878***	3.1991***	3.4335***
	(1.6041)	(3.9821)	(4.2898)	(4.5618)
firm & year	控制	控制	控制	控制
样本量	99	7 768	7 867	7 867
Within_R^2	0.5224	0.4290	0.4265	0.4264
F 值	2.8124	188.0566	172.9061	172.8005

注：***、**、* 分别代表在 1%、5%、10% 的水平上显著，括号内为 T 值。采用 suest 命令执行 SUR 估计对内部控制重大缺陷披露主动性分组进行组间系数差异检验：Prob > chi2 = 0.0157，说明两组之间存在显著差异。Big4 的结果略去，因为该变量与其他变量存在完全共线性。

资料来源：作者采用 Stata 软件计算整理而得。

5.4　本章小结

本章基于信号理论、风险认知理论和内部控制免疫系统论，分析了管理层内部控制重大缺陷披露动机选择行为对内部控制重大缺陷披露与企业创新投入关系的调节作用，并以 2012～2019 年中国沪深 A 股上市公司为研究样本，采用调节效应检验方法进行回归分析发现：内部控制重大缺陷披露对企业创新投入的不利影响仅存在于非主动披露该信息的企业中；且内部控制重大缺陷整改信息披露越充分，越有助于缓解内部控制重大缺陷披露对企业创新投入的不利影响，而内部控制重大缺陷披露及时性不能显著影响内部控制重大缺陷披露与企业创新投入间的负相关关系。考虑到可能存在的内生性问题，采用 PSM 配对样本进行内生性检验，并通过变换投资模型设定，变换因变量、控制变量，删除特殊样本的方法进行稳健性检验，结果发现上述结论依然成立，因而增强了本书研究结论的可靠性。本章研究结论揭示了内部控制重大缺陷披露与企业创新投入总体负相关形成的内在机制，为企业改善内部控制信息披露行为，投资者准确判断企业内部控制重大缺陷披露行为的有效性，以及政府监管部门完善内部控制信息披露法规、优化监管行为提供经验证据和理论支撑。

第 6 章 外部信息环境的调节作用

6.1 理论分析与假设提出

优化企业内外部信息环境，促使两者协调发展，能够更好地缓解信息不对称，发挥信息的监督效应和融资效应，提升企业创新意愿和创新能力，实现创新发展。本部分考察分析师关注、媒体关注和机构投资者持股比例对内部控制重大缺陷披露与企业创新投入关系的调节作用，不仅有助于丰富内部控制信息披露与企业创新投入关系的情境机制，而且对政府监管部门优化企业外部信息环境，督促企业优化内部控制重大缺陷披露行为，从而促进企业提高内部控制有效性；投资者等利益相关者根据企业外部信息环境，结合企业管理层内部控制重大缺陷披露动机选择行为，正确判断企业内部控制有效性与会计信息质量具有重要意义。

6.1.1 分析师关注的调节作用

分析师作为资本市场的信息中介，可以凭借自身专业知识对企业各项活动进行深入分析，既使用信息又解读和传递信息。已有经验证据表明，分析师关注有助于提高企业内部控制质量（胡川等，2020），但目前关于分析师关注与企业创新投入的研究并未得出一致结论（He and Tian，2013；谢震和艾春荣，2014；戴国强和邓文慧，2017）。那么，分析师关注如何影响内部控制重大缺陷披露与企业创新投入的关系呢？下文将基于信息不对称理论和委托代理理论，从分析师关注的信息解读作用和压力施加作用两个方面对该问题进行解析。

从分析师关注的信息解读作用来看，由于分析师是专业的研究人员，拥有某一学科专业背景，知识储备丰富，并在对某一公司或某一行业的长期跟踪过程中积累了丰富的经验，加之其在与企业管理层、政府监管部门交流中可能获取一些私有信息，因而能够深入解读和挖掘企业信息披露以外的增量信息，并快速、准确地侦查上市公司信息披露中存在的错报、误报甚至舞弊行为，缓解信息不对称（Jensen and Meckling，1976）。因此，当企业披露内部控制重大缺陷时，分析师可以运用专业知识深入挖掘内部控制重大缺陷的成因、性质、影响范围以及相关的整改信息是否真实、整改计划是否可行（林钟高和赵孝颖，2019），借助分析师调研等活动持续跟踪内部控制重大缺陷整改进程，并通过研究报告将其对内部控制重大缺陷的解读和跟踪情况传递给信息消费者。此时，分析师关注程度越高，投资者等信息使用者获取的内部控制重大缺陷信息量越大、内容越有深度，当不同来源的负面信息相互印证时，会引发更为强烈的市场负面反应（Huang et al.，2014；Winchel，2015），企业通过外源融资获取创新资金的难度更大。分析师关注程度越高，企业管理层可能越担心内部控制重大缺陷被分析师传递和解读，继而引发更大的市场负面反应，企业面临的融资约束进一步增大，因此，管理层隐藏内部控制重大缺陷的动机更强，内部控制重大缺陷披露可能越被动，不利于良好组织声誉的建立与维护，进而加剧内部控制重大缺陷披露对企业创新投入的不利影响。更有甚者，如果众多分析师在解读企业内部控制信息过程中发现企业未主动披露内部控制重大缺陷，或披露的内部控制重大缺陷整改信息有误，则信息使用者与上市公司之间的信任关系遭到破坏，投资者、债权人可能要求更高的风险溢价（顾雷雷和王鸿宇，2020），从而加剧内部控制重大缺陷披露与企业创新投入之间的负相关关系。可见，分析师关注程度越高，对企业披露的内部控制重大缺陷信息解读更加细致、挖掘更为深入，可能导致市场更为强烈的负面反应，提高内部控制重大缺陷披露引发的融资约束水平，进而加剧其对企业创新投入的不利影响。

从分析师关注的压力施加作用来看，由于分析师的专业性为市场普遍认可，因此，投资者等信息使用者的交易行为严重依赖分析师的专业判断（Michaely and Womack，1999），而分析师的服务对象主要由关注短期收益的证券投资基金及其他中小投资者组成，为满足市场需求，分析师通常预测上市公司未来一年的业绩水平，对长期利润和股价表现给予的关注较少，导致企业管理层为迎合分析师预测过于注重短视决策而牺牲企业长远利益（Graham et al.，2005）。而创新活动虽能帮助企业建立核心竞争优势，提升长期价值，但创新投入的不确定性和不可逆性导致大股东和管理层在自利动机的驱使下本就倾向于减少创新投资，加之创新项目大多与前沿科技相关、较为复杂，为管理层缩减创新投入提供了可乘之机。可见，在分析师关注的压力施加作用下，代理问题引发的创新动力缺失尤为严重，且创新动力缺失是比创新能力缺乏更为重要的创新失败原因（李兰等，2019）。因此，当企业披露内部控制重大缺陷时，若分析师关注程度越高，对管理层的压力施加作用越大，管理层越希望尽快扭转内部控制重大缺陷披露对企业经营活动的负面影响，因而迎合分析师预测开展短期获利活动的动机越强，导致代理成本更高，风险承担意愿和能力更低，更难以遵从《企业内部控制应用指引第 10 号——研究与开发》的要求，对创新项目风险进行客观评价、充分论证，转而将有限的资金投向"短平快"的项目，创新支出大大缩减。而且已有经验证据表明，分析师关注程度越高，公司盈余管理活动越可能从应计盈余管理转向真实盈余管理（仓勇涛等，2011），减少研发支出等操控性支出的动机越大。因此，在企业披露内部控制重大缺陷的情况下，分析师关注程度越高，管理层越希望借助短期获利项目冲抵内部控制重大缺陷披露对企业经营业绩的负面影响，导致创新活动中的代理成本剧增，创新风险承担意愿降低，进而增强内部控制重大缺陷披露与企业创新投入的负相关关系。

基于以上分析，本书提出以下假设：

H6 - 1：分析师关注程度越高，内部控制重大缺陷披露对企业创新投入的不利影响越大。

6.1.2　媒体关注的调节作用

媒体作为信息中介，凭借其传播广泛性和及时性的优势，从社会公众利益出发，对企业经营和投融资活动进行全方位监督，因而能够督促企业提高内部控制重大缺陷整改效率（陈泽艺和李常青，2019），但也正是由于媒体曝光受众广、传播速度快，会给企业管理层带来巨大压力，诱发管理层短视行为，导致企业创新投入水平下降（杨道广等，2017）。那么，在内部控制重大缺陷披露与企业创新投入的关系中，媒体关注的作用效果如何？下文将基于信息不对称理论和委托代理理论，分别对媒体关注的信息传播效应和市场压力效应进行分析。

从媒体关注的信息传播效应来看，媒体作为重要的信息中介，不仅能够及时、广泛地传播企业披露的显性信息，还可能发现企业隐而未显的问题，降低市场摩擦、缓解信息不对称（Bushee et al.，2010），而且媒体为追求发行量和点击率，具有追踪报道公司坏消息的自然偏好（Dyck and Zingales，2004）。因此，当企业披露内部控制重大缺陷时，随着媒体关注程度的提高，该内部控制重大缺陷被媒体播报的可能性增大、传播范围更广、报道更为深入，当企业存在内部控制重大缺陷的消息为越来越多的资金供给者接收时，资金供给者会普遍提高风险溢价或拒绝提供资金，导致企业融资成本越来越高、外部融资途径越来越少，因而创新活动的融资难度加大。另外，媒体为吸引受众、赚取广告收益以及获得政府或其他利益团体支持，可能过分渲染、炒作热点话题，甚至不惜捏造新闻、虚假报道以达到能够引发"轰动"效应的爆炸性、丑闻性和情绪性效果（熊艳等，2011）。因此，当企业披露内部控制重大缺陷时，媒体可能利用这一机会深度报道内部控制重大缺陷背后的成因，且在此过程中可能发掘出上市公司隐瞒未报的其他内部控制重大缺陷，或长期存在、未进行有效整改的内部控制重大缺陷等更能吸引公众眼球、丑化公司形象的负面新闻，导致市场负面反应更加强烈，企业面临的融资约束水平更高，创新资金获取难度逐渐加大。而且媒体关注程度越高，企业管理层越惧怕内部控制重大缺陷被媒体传播所引发的市场负面反应，因而管理层隐藏内部控制重大缺陷的动机越强，被动披露内部控制重大缺陷的可能性越大，这可能进一步加剧内部控制重大缺陷披露对企业创新投入的不利影响。可见，随着媒体关注程度的提高，媒体关注的信息传播效应会扩大并加重内部控制重大缺陷披露引发的融资约束，从而加剧其对企业创新投入的不利影响。

从媒体关注的市场压力效应来看，由于中国资本市场发展不够完善，投资者普遍存在投机动机且缺乏信息解读能力，导致企业的任何负面新闻都可能引发股价下跌；而创新活动需要大量、持续的资金支持，其风险远远高于一般的有形资产投资项目，稍有不慎就可能导致创新投入血本无归，给企业带来短期内的巨大损失，因而媒体负面报道会对企业形成巨大的市场压力，导致管理层短视行为更加严重，大大降低了企业的创新活动水平（杨道广等，2017）。因此，在企业披露内部控制重大缺陷的情况下，媒体关注程度越高，与内部控制重大缺陷相关的新闻报道数量越多，企业管理层面临的市场压力越大，风险承担意愿大大降低，为满足业绩考评、稳定市场预期，放弃创新项目的概率增大。已有研究表明媒体不仅传播信息，还具有传染市场情绪的作用（Delong et al.，1990）。因此，企业内部控制重大缺陷披露引发的市场负面情绪会随着媒体关注程度的提高越发集中，波动更加剧烈，市场的价值发现功能逐渐下降（章宁和沈文标，2016），股票收益率随之降低（山立威，2011），迫使管理层进一步减少甚至放弃高风险的创新投资活动。可见，媒体关注程度越高，内部控制重大缺陷披露引发的市场负面反应被放大的速度越快，管理层感受到的市场压力越大，越不愿意开展高风险的创新投资活动，进而加大内部控制重大缺陷披露对企业创新投入的不利影响。

基于以上分析，本书提出以下假设：

H6-2：媒体关注程度越高，内部控制重大缺陷披露对企业创新投入的不利影响越大。

6.1.3　机构投资者持股的调节作用

已有研究表明，机构投资者持股降低了内部控制存在缺陷的可能性（李越冬和严青，2017），并有助于企业真实披露内部控制缺陷（张瑶和郭雪萌，2014；陈艳利和乔菲，2015），但关于机构投资者持股对企业创新活动的影响，学者们并未得出一致结论（王斌等，2011；温军和冯根福，2012）。那么，机构投资者持股如何影响企业内部控制重大缺陷披露与企业创新投入的关系呢？下文将基于信息不对称理论和委托代理理论，从机构投资者对受托人利益保护和自我利益保护两方面对该问题展开分析。

从机构投资者对受托人利益的保护情况来看，由于小股东通常不愿意花费时间收集信息，更缺乏足够的能力解读信息，因而股东作用难以发挥；大股东虽可以弥补中小股东在参与公司治理方面的缺陷，但是也可能凭借其控制权优势侵占中小股东利益（Greenwald et al.，1985）。而机构投资者作为个体投资者的受托人，其目的在于通过集聚散户资金、进行集中管理，以帮助个体投资者规避投资风险、增加投资收益。机构投资者具备的规模优势和专业运作能力决定了它们有责任、也有能力监督持股公司运行情况、参与公司决策，维护受托人利益（唐正清和顾慈阳，2005）。由于内部控制重大缺陷披露可能会导致企业与客户、供应商的合作终止（Bauer et al.，2018），销售业绩下滑、陷入财务困境和财务危机的可能性加大（Su et al.，2014；林钟高和陈曦，2016），严重破坏企业经营绩效，此时，机构投资者为受托人短期利益考虑，可能利用手中的投票权促使企业在短期内侧重开展风险相对较小的投资活动，暂时搁置高风险的创新活动，以尽可能减少受托人损失，因而不利于企业增加创新投入。与此同时，机构投资者为受托人长期利益考虑，还可能凭借自身在信息获取、分析和传播方面的优势（Kochhar and David，1996），进一步搜集和分析企业内部控制设计与运行情况信息，以期帮助企业提高内部控制质量；然而，在此过程中，机构投资者一旦发现企业存在隐瞒或延迟披露内部控制重大缺陷的情况，则可能进一步降低企业融资能力。因而随着机构持股比例的增加，其受托责任履行能力逐渐增强，发现上述问题的概率随之加大，企业创新资金筹措能力被削弱的概率增加。可见，当企业披露内部控制重大缺陷时，为受托人利益考虑，机构投资者持股比例越高，越有可能减少企业创新投入，进而加剧内部控制重大缺陷披露对企业创新投入的不利影响。

从机构投资者的自我利益保护情况来看，作为证券投资者，机构投资者与散户投资者一样都希望自己的投资收益最大化，因而可能在自利动机的驱使下，根据企业公开的短期盈利信息进行套利活动或变换投资者组合以获取短期收益（Lakonishok et al.，1992）；且机构投资者的考核多以季度或年度业绩为准，迫于短期考核压力，机构投资者可能无法从长期视角全盘考虑投资决策（齐结斌和安同良，2014），极易可能采取短视行为。当机构投资者资产组合对应的企业披露内部控制重大缺陷引发股价下跌时，为避免被不断下跌的股价"锁定"，机构投资者往往采取惯性交易策略，由"投资者"演变为"交易商"（齐结斌和安同良，2014；林钟高和陈曦，2017）。因而机构投资者持股比例越高，其投机行为对企业造成的影响越大，越不利于企业获取稳定而充足的创新资金来源。加之企业管理层可能担心内部控制重大缺陷披露引发机构投资者短视行为，增大企业面临的融资约束，因而机构投资者持股比例越高，管理层隐藏内部控制重大缺陷的动机越强，被动披露内部控制重大缺陷的可能性越大，这可能进一步加剧内部控制重大缺陷披露对企业创新投入的不利影响。而且当企业披露内部控制重大缺陷引发的股价下跌可能损害机构投资者利益时，机构投资者的短视行为可能导致其难以监督股权代理问题，甚至可能与管理层合谋（雷倩华等，2012），为"美化"企业短期业绩而放弃有利于企业长远发展的创新活动。由此看来，当机构投资者资产组合对应的企业披露内部控制重大缺陷时，其持股比例越大，越有可能为保护自身利益与管理层达成共谋协议，实施不利于企业长远发展的行为，加剧内部控制重大缺陷披露对企业创新投入的不利影响。

基于以上分析，本书提出以下假设：

H6－3：机构投资者持股比例越高，内部控制重大缺陷披露对企业创新投入的不利影响越大。

本节的逻辑关系如图 6－1 所示。

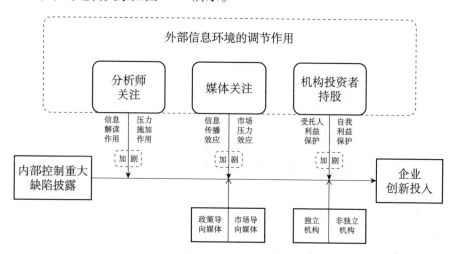

图 6－1　外部信息环境的调节作用逻辑关系

资料来源：作者采用 Visio 软件绘制。

6.2　研 究 设 计

6.2.1　变量定义

为验证上述假设，参照前人研究成果，以观测当年跟踪样本企业的券商数量衡量分析师关注程度（谢震和艾春荣，2014），以观测当年样本企业受到《中国证券报》《证券日报》《证券时报》《上海证券报》《中国经营报》《21 世纪经济报道》《经济观察报》和《第一财经日报》的报道数量之和衡量媒体关注程度（许瑜等，2017），以观测当年样本企业的各类机构投资者持股比例之和衡量机构投资者持股比例（温军和冯根福，2012），变量的详细定义如表 6－1 所示。其中：媒体关注数据利用中国知网（CNKI）"中国重要报纸全文数据库"进行手工搜集，具体搜集方法为：从万得（Wind）数据库中获取中国沪深 A 股上市公司全称及其证券简称、曾用名，并按照"主题"对公司及其证券名称进行搜索，获得各观测年份的媒体报道数量。其他变量的定义、样本选择和数据来源同第 4 章。

表 6-1

表 6-1　　　　　　　　　　　　主要变量定义表

变量类型	变量名称	变量符号	计算方法
调节变量	分析师关注	*Analyst*	观测当年跟踪企业的券商数加 1 后取自然对数
	媒体关注	*Media*	观测当年媒体报道数量合计加 1 后取自然对数
	机构投资者持股比例	*Ins*	各类机构投资者持股比例之和

资料来源：作者整理所得。

6.2.2　模型构建

为验证上述假设，参照褚剑和方军雄（2017）的做法，在模型（4.1）的基础上分别加入分析师关注（*Analyst*）、媒体关注（*Media*）、机构投资者持股比例（*Ins*）及其与是否披露内部控制重大缺陷（*Posticmw*）的交乘项构建如下模型：

$$RD_{i,t+1} = \pi_0 + \pi_1 Posticmw_{I,t} + \pi_2 Analyst_{i,t} + \pi_3 Analyst\_Posticmw_{i,t}$$
$$+ \pi_4 Controls_{i,t} + firm_i + year_t + \sigma_{i,t} \tag{6.1}$$

$$RD_{i,t+1} = \upsilon_0 + \upsilon_1 Posticmw_{i,t} + \upsilon_2 Media_{i,t} + \upsilon_3 Media\_Posticmw_{i,t}$$
$$+ \upsilon_4 Controls_{i,t} + firm_i + year_t + \mu_{i,t} \tag{6.2}$$

$$RD_{i,t+1} = \delta_0 + \delta_1 Posticmw_{i,t} + \delta_2 Ins_{i,t} + \delta_3 Ins\_Posticmw_{i,t}$$
$$+ \delta_4 Controls_{i,t} + firm_i + year_t + \chi_{i,t} \tag{6.3}$$

上述模型中的 *RD*、*Controls* 等变量同模型（4.1）所述。需要指出的是，为避免变量间的多重共线性，在模型构建过程中，均在对调节变量去中心化的基础上生成交乘项，以表征各外部信息环境变量对内部控制重大缺陷披露与企业创新投入关系的调节作用，其中：模型（6.1）主要考察分析师关注的调节作用，若交乘项 *Analyst_Posticmw* 的系数 π_3 显著为负，则 H6-1 得到验证；模型（6.2）主要考察媒体关注的调节作用，若交乘项 *Media_Posticmw* 的系数 υ_3 显著为负，则 H6-2 得到验证；模型（6.3）主要考察机构投资者持股比例的调节作用，若交乘项 *Ins_Posticmw* 的系数 δ_3 显著为负，则 H6-3 得到验证。

6.3   实证结果与分析

6.3.1   描述性统计

表 6 - 2 报告了本章外部信息环境变量的描述性统计结果，从中可以看出，分析师关注（*Analyst*）和媒体关注（*Media*）的均值分别为 1. 9182 和 1. 1442，中位数分别为 1. 9459 和 1. 0986，差异较小，说明基本呈正态分布，且这两个变量的最大值与最小值差异均较大，说明样本总体的分析师关注程度和媒体关注程度差异较大；机构投资者持股比例（*Ins*）的均值为 0. 3772，最小值为 0. 0005，最大值为 0. 8690，标准差为 0. 2431，说明样本总体机构投资者持股比例差异较大。

表 6 - 2   主要变量描述性统计

变量	样本量	均值	标准差	p25	p50	p75	最小值	最大值
Analyst	7 884	1. 9182	0. 7762	1. 3863	1. 9459	2. 5649	0. 6931	3. 7612
Media	7 884	1. 1442	1. 0118	0. 0000	1. 0986	1. 7918	0. 0000	5. 4424
Ins	7 884	0. 3772	0. 2431	0. 1567	0. 3802	0. 5719	0. 0005	0. 8690

注：p25、p50 和 p75 分别表示 1/4、1/2 和 3/4 分位数。
资料来源：作者采用 Stata 软件计算整理而得。

6.3.2   相关性分析

由表 6 - 3 主要变量相关性分析结果可知，主要变量两两之间的相关系数均不超过 0. 5，且均在 1% 的水平上显著相关，说明基于这些变量构建的模型基本满足非多重共线性要求。同时，方差膨胀因子检验（VIF）检验结果表明，各变量 VIF 的最大值为 3. 47，平均 VIF 值为 1. 41，由此可以推断，各变量之间不存在较为严重的多重共线性问题。

表 6 - 3   主要变量相关性分析结果

变量	*F. RD*	*Posticmw*	*Analyst*	*Media*	*Ins*
F. RD	1. 0000				
Posticmw	− 0. 0394 ***	1. 0000			
Analyst	0. 3059 ***	− 0. 0320 ***	1. 0000		

变量	F. RD	Posticmw	Analyst	Media	Ins
Media	0.2399***	0.0352***	0.2801***	1.0000	
Ins	0.2336***	0.0353***	0.2423***	0.2781***	1.0000

注：***代表在1%的水平上显著。

资料来源：作者采用Stata软件计算整理而得。

6.3.3　回归结果与分析

由表6-4中的检验结果可知，分析师关注（Analyst）与是否披露内部控制重大缺陷（Posticmw）的交乘项（Analyst_Posticmw）回归系数（-0.4156）在5%的水平上显著为负，说明分析师关注程度越高，内部控制重大缺陷披露对企业创新投入的不利影响越大，假设H6-1得到验证。媒体关注（Media）与是否披露内部控制重大缺陷（Posticmw）的交乘项（Media_Posticmw）回归系数（-0.1846）为负但不显著，假设H6-2未得到验证，这可能是由于不同导向媒体关注的特点不同，当企业披露内部控制重大缺陷时，其信息传播效应和市场压力效应的力度有所不同，导致媒体关注整体不会显著影响内部控制重大缺陷披露与企业创新投入的关系，因此，下文将区分媒体关注类型展开进一步研究。机构投资者持股比例（Ins）与是否披露内部控制重大缺陷（Posticmw）的交乘项（Ins_Posticmw）回归系数（-0.0518）虽为负但不显著，假设H3未得到验证。这可能是由于不同类型的机构投资者与企业之间的联系不同，因而当企业披露内部控制重大缺陷时，各自对受托人利益保护和自身利益保护采取的措施及实施力度有所差异，导致机构投资者整体持股比例不会显著影响内部控制重大缺陷披露与企业创新投入之间的关系，下文将进一步区分机构投资者类型检验其对内部控制重大缺陷披露与企业创新投入关系的调节作用。

表6-4　　　　基准回归检验结果

变量	(1) F. RD	(2) F. RD	(3) F. RD
Posticmw	-0.3698***	-0.2472***	-0.2390***
	(-4.0711)	(-3.4910)	(-3.3253)
Analyst	0.0717***		
	(6.2954)		

续表

变量	(1) F. RD	(2) F. RD	(3) F. RD
Analyst_Posticmw	-0.4156^{**}		
	(-2.3989)		
Media		0.0250^{***}	
		(2.6679)	
Media_Posticmw		-0.1846	
		(-1.6047)	
Ins			0.0516
			(1.2244)
Ins_Posticmw			-0.0518
			(-0.1097)
Size	0.5789^{***}	0.6040^{***}	0.6053^{***}
	(23.1955)	(24.5187)	(24.5815)
Age	-0.0512	-0.0673	-0.0751
	(-0.2701)	(-0.3542)	(-0.3943)
Cash	-0.2437^{***}	-0.2261^{***}	-0.2260^{***}
	(-3.4936)	(-3.2326)	(-3.2282)
TobinQ	0.0228^{***}	0.0274^{***}	0.0286^{***}
	(4.3140)	(5.2240)	(5.4703)
Capex	-0.1665^{***}	-0.1469^{**}	-0.1537^{**}
	(-2.7022)	(-2.3784)	(-2.4869)
Lev	-0.0852	-0.1067	-0.1007
	(-1.0392)	(-1.2978)	(-1.2229)
Profit	0.1464^{**}	0.2122^{***}	0.2113^{***}
	(2.2328)	(3.2727)	(3.2521)
Top1	-0.2467^{*}	-0.2427^{*}	-0.2448^{*}
	(-1.7291)	(-1.6949)	(-1.7071)
Dual	0.0394^{*}	0.0409^{*}	0.0418^{*}
	(1.7208)	(1.7803)	(1.8162)
Sep	0.0066^{***}	0.0063^{***}	0.0064^{***}
	(2.8425)	(2.7072)	(2.7125)
Lnpay	0.0836^{***}	0.0929^{***}	0.0944^{***}
	(3.7124)	(4.1237)	(4.1855)
Big4	-0.1210	-0.1092	-0.1059
	(-1.5667)	(-1.4103)	(-1.3667)
Seg	0.0449^{**}	0.0443^{**}	0.0427^{*}
	(2.0512)	(2.0155)	(1.9436)
HHI	0.1929	0.1896	0.1782
	(1.6283)	(1.5961)	(1.4987)
Sub	-0.7656	-0.7763	-0.7915
	(-1.4991)	(-1.5161)	(-1.5447)

变量	(1) F. RD	(2) F. RD	(3) F. RD
Constant	3. 8978 ***	3. 3555 ***	3. 3484 ***
	(5. 2090)	(4. 5058)	(4. 4943)
firm & year	控制	控制	控制
样本量	7 884	7 884	7 884
Within_R^2	0. 4301	0. 4266	0. 4259
F 值	175. 8310	173. 3490	172. 8313

注：***、**、*分别代表在1%、5%、10%的水平上显著，括号内为 T 值。
资料来源：作者采用 Stata 软件计算整理而得。

6.3.4　稳健性检验

6.3.4.1　基于 PSM 方法配对样本的检验

与第4.3.4小节相同，为排除管理者风险偏好等内生遗漏变量对研究结论造成的干扰，采用 PSM 方法对研究样本进行配对，再利用配对样本进行回归，考察外部信息环境对内部控制重大缺陷披露与企业创新投入关系的调节作用，回归结果如表6-5所示，检验结果与基准回归检验结果基本一致，说明本书研究结论可靠性较强。

表6-5　　　　　　　　　PSM 配对样本检验结果

变量	(1) F. RD	(2) F. RD	(3) F. RD
Posticmw	- 0. 3051 ***	- 0. 1821 **	- 0. 1873 **
	(- 3. 3621)	(- 2. 4845)	(- 2. 5409)
Analyst	0. 0712 **		
	(2. 3714)		
Analyst_Posticmw	- 0. 384 2 **		
	(- 2. 2559)		
Media		0. 0015	
		(0. 0614)	
Media_Posticmw		- 0. 1924	
		(- 1. 6331)	
Ins			- 0. 0032
			(- 0. 0285)
Ins_Posticmw			- 0. 0166
			(- 0. 0354)
Size	0. 5306 ***	0. 5592 ***	0. 5501 ***
	(8. 4825)	(9. 0979)	(8. 9155)

续表

变量	（1）*F. RD*	（2）*F. RD*	（3）*F. RD*
Age	−0.3380	−0.3132	−0.3510
	（−0.6721）	（−0.6199）	（−0.6897）
Cash	0.2297	0.2655	0.2509
	（1.2708）	（1.4635）	（1.3796）
TobinQ	0.0523***	0.0604***	0.0580***
	（3.5211）	（4.0441）	（3.8731）
Capex	−0.2737*	−0.2622*	−0.2692*
	（−1.9477）	（−1.8543）	（−1.9045）
Lev	0.1387	0.1381	0.1417
	（0.7059）	（0.7034）	（0.7193）
Profit	0.2442*	0.3030**	0.3037**
	（1.7013）	（2.1398）	（2.1380）
*Top*1	−0.5619	−0.5677	−0.5289
	（−1.5347）	（−1.5425）	（−1.4220）
Dual	−0.0107	−0.0131	−0.0075
	（−0.1993）	（−0.2424）	（−0.1399）
Sep	0.0104	0.0106	0.0103
	（1.5895）	（1.6230）	（1.5719）
Lnpay	0.1112**	0.1224**	0.1196**
	（2.0307）	（2.2258）	（2.1751）
*Big*4	0.2379	0.2723	0.2702
	（1.0659）	（1.2164）	（1.2056）
Seg	−0.0535	−0.0530	−0.0541
	（−1.0017）	（−0.9904）	（−1.0085）
HHI	0.0909	0.1235	0.1138
	（0.3292）	（0.4456）	（0.4100）
Sub	−1.1941	−1.0727	−1.0634
	（−0.8918）	（−0.7991）	（−0.7891）
Constant	5.2358***	4.4917**	4.8273**
	（2.7761）	（2.3945）	（2.5610）
firm & year	控制	控制	控制
样本量	1 938	1 938	1 938
Within_R^2	0.4250	0.4208	0.4185
F 值	23.3148	22.9148	22.7007

注：***、**、*分别代表在1%、5%、10%的水平上显著，括号内为 *T* 值。

资料来源：作者采用 Stata 软件计算整理而得。

6.3.4.2　模型设定、变量设定以及样本选择的稳健性检验

与第 4.3.4 小节相同，分别采用托宾 Q 方程、欧拉方程模型，变换因变量和控制变量以及删除特殊样本的方式进行模型设定、变量设定以及样本选择的稳健性检验，考察外部信息环境对内部控制重大缺陷披露与企业创新投入关系的调节作用，回归结果如表 6-6~表 6-10 所示，检验结果与基准回归检验结果基本一致，说明本书研究结论可靠性较强。

表 6-6　　　　　　　　　基于托宾 Q 方程的检验结果

变量	(1) F. RD	(2) F. RD	(3) F. RD
Posticmw	-0.2931*** (-3.5737)	-0.2091*** (-3.2158)	-0.2032*** (-3.0912)
Analyst	0.0521*** (5.0473)		
Analyst_Posticmw	-0.2952* (-1.8699)		
Media		0.0241*** (2.8557)	
Media_Posticmw		-0.1310 (-1.2523)	
Ins			0.0552 (1.4571)
Ins_Posticmw			-0.0046 (-0.0107)
RD	0.3297*** (26.2145)	0.3349*** (26.6839)	0.3357*** (26.7297)
Size	0.3554*** (14.8777)	0.3694*** (15.5809)	0.3704*** (15.6281)
Age	0.0785 (0.4565)	0.0648 (0.3759)	0.0602 (0.3490)
Cash	-0.1268** (-2.0108)	-0.1127* (-1.7851)	-0.1113* (-1.7607)
TobinQ	0.0207*** (4.3585)	0.0237*** (5.0134)	0.0247*** (5.2642)
Capex	-0.0864 (-1.5513)	-0.0705 (-1.2655)	-0.0756 (-1.3547)
Lev	0.0389 (0.5252)	0.0236 (0.3177)	0.0283 (0.3807)
Profit	0.2522*** (4.2578)	0.3008*** (5.1489)	0.2996*** (5.1176)
Top1	-0.1671 (-1.2970)	-0.1571 (-1.2164)	-0.1591 (-1.2302)

续表

变量	(1) F.RD	(2) F.RD	(3) F.RD
Dual	0.0181	0.0191	0.0198
	(0.8801)	(0.9263)	(0.9562)
Sep	0.0047**	0.0044**	0.0044**
	(2.2037)	(2.0551)	(2.0546)
Lnpay	0.0541***	0.0604***	0.0616***
	(2.6270)	(2.9341)	(2.9927)
Big4	−0.0489	−0.0404	−0.0378
	(−0.6813)	(−0.5619)	(−0.5254)
Seg	0.0391**	0.0390**	0.0377*
	(1.9763)	(1.9721)	(1.9010)
HHI	0.1213	0.1207	0.1098
	(1.1396)	(1.1324)	(1.0296)
Sub	−0.6179	−0.6097	−0.6259
	(−1.3463)	(−1.3266)	(−1.3609)
Constant	3.0513***	2.6607***	2.6370***
	(4.5044)	(3.9522)	(3.9152)
firm & year	控制	控制	控制
样本量	7 690	7 690	7 690
Within_R^2	0.5184	0.5167	0.5161
F 值	234.2490	232.7227	232.1659

注：***、**、*分别代表在1%、5%、10%的水平上显著，括号内为 T 值。
资料来源：作者采用 Stata 软件计算整理而得。

表 6 - 7　　　　　　　基于欧拉方程的检验结果

变量	(1) F.RD	(2) F.RD	(3) F.RD
Posticmw	−0.2926***	−0.2093***	−0.2031***
	(−3.5703)	(−3.2201)	(−3.0904)
Analyst	0.0538***		
	(5.2092)		
Analyst_Posticmw	−0.2935*		
	(−1.8602)		
Media		0.0241***	
		(2.8513)	
Media_Posticmw		−0.1313	
		(−1.2551)	
Ins			0.0512
			(1.3521)

变量	(1) F.RD	(2) F.RD	(3) F.RD
Ins_Posticmw			−0.0205
			(−0.0470)
RD	0.6632***	0.6222***	0.6146***
	(4.9541)	(4.6479)	(4.5819)
RD²	−0.0096**	−0.0082**	−0.0080**
	(−2.5021)	(−2.1556)	(−2.0883)
Size	0.3624***	0.3758***	0.3768***
	(15.0741)	(15.7335)	(15.7715)
Age	0.0674	0.0548	0.0508
	(0.3918)	(0.3181)	(0.2943)
Cash	−0.1145*	−0.1017	−0.1008
	(−1.8098)	(−1.6062)	(−1.5909)
TobinQ	0.0212***	0.0242***	0.0253***
	(4.4550)	(5.1231)	(5.3792)
Capex	−0.0818	−0.0662	−0.0712
	(−1.4687)	(−1.1876)	(−1.2769)
Lev	0.0352	0.0201	0.0254
	(0.4761)	(0.2716)	(0.3419)
Profit	0.2529***	0.3030***	0.3020***
	(4.2725)	(5.1874)	(5.1593)
Top1	−0.1603	−0.1512	−0.1538
	(−1.2444)	(−1.1706)	(−1.1895)
Dual	0.0184	0.0194	0.0200
	(0.8943)	(0.9402)	(0.9682)
Sep	0.0049**	0.0046**	0.0046**
	(2.3039)	(2.1391)	(2.1397)
Lnpay	0.0569***	0.0630***	0.0642***
	(2.7619)	(3.0590)	(3.1121)
Big4	−0.0539	−0.0443	−0.0417
	(−0.7504)	(−0.6169)	(−0.5793)
Seg	0.0387*	0.0388*	0.0375*
	(1.9601)	(1.9588)	(1.8908)
HHI	0.1128	0.1133	0.1029
	(1.0605)	(1.0623)	(0.9647)
Sub	−0.6394	−0.6290	−0.6441
	(−1.3936)	(−1.3687)	(−1.4007)
Constant	−0.0146	0.0073	0.0619
	(−0.0105)	(0.0052)	(0.0440)

续表

变量	(1) *F. RD*	(2) *F. RD*	(3) *F. RD*
firm & year	控制	控制	控制
样本量	7 690	7 690	7 690
Within_R²	0.5189	0.5172	0.5165
F 值	225.6979	224.1005	223.5421

注：＊＊＊、＊＊、＊分别代表在1%、5%、10%的水平上显著，括号内为 *T* 值。
资料来源：作者采用 Stata 软件计算整理而得。

表6-8   **变换因变量的检验结果**

变量	(1) *F. RD*	(2) *F. RD*	(3) *F. RD*
Posticmw	-0.0060***	-0.0028**	-0.0025**
	(-3.9710)	(-2.3806)	(-2.0790)
Analyst	0.0011***		
	(5.7330)		
Analyst_Posticmw	-0.0104***		
	(-3.5809)		
Media		0.0004**	
		(2.2648)	
Media_Posticmw		-0.0035*	
		(-1.8169)	
Ins			0.0004
			(0.6253)
Ins_Posticmw			-0.0087
			(-1.1032)
Size	-0.0027***	-0.0023***	-0.0023***
	(-6.4288)	(-5.6179)	(-5.6071)
Age	0.0000	-0.0002	-0.0005
	(0.0022)	(-0.0774)	(-0.1513)
Cash	-0.0018	-0.0015	-0.0015
	(-1.5236)	(-1.2692)	(-1.3024)
TobinQ	-0.0003***	-0.0002**	-0.0002**
	(-3.0941)	(-2.2743)	(-2.0751)
Capex	-0.0039***	-0.0036***	-0.0037***
	(-3.7548)	(-3.4713)	(-3.5582)
Lev	-0.0004	-0.0006	-0.0005
	(-0.2767)	(-0.4647)	(-0.3584)
Profit	-0.0018*	-0.0008	-0.0009
	(-1.6765)	(-0.7778)	(-0.7884)

续表

变量	(1) *F. RD*	(2) *F. RD*	(3) *F. RD*
*Top*1	−0. 0083 ***	−0. 0083 ***	−0. 0084 ***
	(−3. 4764)	(−3. 4509)	(−3. 5058)
Dual	0. 0003	0. 0003	0. 0003
	(0. 7440)	(0. 7935)	(0. 8203)
Sep	0. 0001	0. 0000	0. 0001
	(1. 3864)	(1. 2716)	(1. 2965)
Lnpay	0. 0026 ***	0. 0027 ***	0. 0027 ***
	(6. 8129)	(7. 1776)	(7. 2337)
*Big*4	0. 0000	0. 0002	0. 0003
	(0. 0255)	(0. 1668)	(0. 1996)
Seg	0. 0004	0. 0004	0. 0003
	(1. 0685)	(1. 0017)	(0. 9418)
HHI	0. 0032	0. 0031	0. 0030
	(1. 6063)	(1. 5730)	(1. 4958)
Sub	−0. 0157 *	−0. 0156 *	−0. 0156 *
	(−1. 8341)	(−1. 8166)	(−1. 8237)
Constant	0. 0476 ***	0. 0397 ***	0. 0404 ***
	(3. 8068)	(3. 1920)	(3. 2410)
firm & year	控制	控制	控制
样本量	7 884	7 884	7 884
Within_R^2	0. 0631	0. 0573	0. 0563
F 值	15. 6993	14. 1683	13. 9079

注：*** 、** 、* 分别代表在1% 、5% 、10% 的水平上显著，括号内为 *T* 值。
资料来源：作者采用 Stata 软件计算整理而得。

表6 - 9 　　　　　　　　　变换控制变量的检验结果

变量	(1) *F. RD*	(2) *F. RD*	(3) *F. RD*
Posticmw	−0. 3560 ***	−0. 2259 ***	−0. 2204 ***
	(−3. 9476)	(−3. 2096)	(−3. 0856)
Analyst	0. 0649 ***		
	(5. 6800)		
Analyst_Posticmw	−0. 4213 **		
	(−2. 4470)		
Media		0. 0228 **	
		(2. 4404)	
Media_Posticmw		−0. 1734	
		(−1. 5189)	

变量	(1) F. RD	(2) F. RD	(3) F. RD
Ins			0.0568
			(1.3512)
Ins_Posticmw			0.0145
			(0.0310)
Size	0.6136 ***	0.6371 ***	0.6375 ***
	(23.2320)	(24.4383)	(24.4460)
Age	−0.0684	−0.0913	−0.1024
	(−0.3610)	(−0.4807)	(−0.5381)
Cfo	0.2250 *	0.2094 *	0.2196 *
	(1.9309)	(1.7928)	(1.8794)
TobinQ	0.0220 ***	0.0258 ***	0.0267 ***
	(4.1452)	(4.8924)	(5.0767)
Tang	0.5096 ***	0.4862 ***	0.4899 ***
	(5.8974)	(5.6162)	(5.6562)
Lev_t	−0.1005	−0.1273 *	−0.1227 *
	(−1.4825)	(−1.8742)	(−1.8051)
Roe	0.3159 ***	0.4016 ***	0.4034 ***
	(3.5781)	(4.6251)	(4.6409)
Top2	−0.0023 *	−0.0022 *	−0.0024 *
	(−1.7343)	(−1.6912)	(−1.8045)
Dual	0.0450 **	0.0469 **	0.0477 **
	(1.9640)	(2.0396)	(2.0745)
Sep	0.0062 ***	0.0059 **	0.0060 **
	(2.6900)	(2.5538)	(2.5644)
Lnpay	0.0754 ***	0.0827 ***	0.0839 ***
	(3.3418)	(3.6593)	(3.7107)
Big4	−0.1215	−0.1116	−0.1086
	(−1.5828)	(−1.4505)	(−1.4110)
Seg	0.0454 **	0.0444 **	0.0428 **
	(2.0863)	(2.0367)	(1.9612)
HHI	0.1964 *	0.1948	0.1837
	(1.6624)	(1.6446)	(1.5498)
Bod	0.2301 ***	0.2466 ***	0.2469 ***
	(3.0469)	(3.2592)	(3.2612)
Indr	0.1467	0.1659	0.1650
	(0.6642)	(0.7495)	(0.7448)

续表

变量	(1) F. RD	(2) F. RD	(3) F. RD
Soe	−0. 1139	−0. 1150	−0. 1139
	(−1. 2854)	(−1. 2959)	(−1. 2827)
Sub	−1. 0388 **	−1. 0662 **	−1. 0816 **
	(−2. 0639)	(−2. 1143)	(−2. 1436)
Epu	0. 7244 ***	0. 6998 ***	0. 6739 ***
	(6. 4330)	(6. 1855)	(5. 9859)
Constant	−1. 4269 **	−1. 7846 ***	−1. 6163 ***
	(−2. 5486)	(−3. 1756)	(−2. 8827)
firm & year	控制	控制	控制
样本量	7 840	7 840	7 840
Within_R^2	0. 4354	0. 4324	0. 4319
F 值	158. 6010	156. 7334	156. 3758

注：***、**、*分别代表在1%、5%、10%的水平上显著，括号内为 T 值。

资料来源：作者采用 Stata 软件计算整理而得。

表6−10　　　　　　　　　删除特殊样本的检验结果

变量	(1) F. RD	(2) F. RD	(3) F. RD
Posticmw	−0. 3693 ***	−0. 2514 ***	−0. 2458 ***
	(−3. 9436)	(−3. 4136)	(−3. 2924)
Analyst	0. 0726 ***		
	(6. 3779)		
Analyst_Posticmw	−0. 5558 **		
	(−2. 2387)		
Media		0. 0251 ***	
		(2. 6774)	
Media_Posticmw		−0. 2716	
		(−1. 5682)	
Ins			0. 0501
			(1. 1897)
Ins_Posticmw			0. 1813
			(0. 2622)
Size	0. 5793 ***	0. 6050 ***	0. 6067 ***
	(23. 2061)	(24. 5493)	(24. 6258)
Age	−0. 0435	−0. 0603	−0. 0648
	(−0. 2295)	(−0. 3177)	(−0. 3404)
Cash	−0. 2410 ***	−0. 2229 ***	−0. 2230 ***
	(−3. 4556)	(−3. 1881)	(−3. 1870)

续表

变量	（1）F. RD	（2）F. RD	（3）F. RD
TobinQ	0.0229 ***	0.0276 ***	0.0289 ***
	（4.3342）	（5.2668）	（5.5243）
Capex	−0.1678 ***	−0.1474 **	−0.1546 **
	（−2.7246）	（−2.3873）	（−2.5034）
Lev	−0.0878	−0.1096	−0.1039
	（−1.0711）	（−1.3331）	（−1.2631）
Profit	0.1300 **	0.1966 ***	0.1964 ***
	（1.9681）	（3.0111）	（3.0017）
Top1	−0.2375 *	−0.2380 *	−0.2374 *
	（−1.6645）	（−1.6623）	（−1.6558）
Dual	0.0389 *	0.0411 *	0.0416 *
	（1.6916）	（1.7845）	（1.8046）
Sep	0.0070 ***	0.0067 ***	0.0067 ***
	（2.9827）	（2.8624）	（2.8629）
Lnpay	0.0862 ***	0.0952 ***	0.0969 ***
	（3.8195）	（4.2165）	（4.2891）
Big4	−0.1210	−0.1091	−0.1058
	（−1.5677）	（−1.4099）	（−1.3661）
Seg	0.0439 **	0.0437 **	0.0423 *
	（2.0056）	（1.9875）	（1.9211）
HHI	0.1914	0.1876	0.1759
	（1.6271）	（1.5891）	（1.4896）
Sub	−0.7403	−0.7423	−0.7645
	（−1.4492）	（−1.4495）	（−1.4916）
Constant	3.8292 ***	3.2835 ***	3.2570 ***
	（5.1122）	（4.4049）	（4.3655）
firm & year	控制	控制	控制
样本量	7 867	7 867	7 867
Within_R^2	0.4305	0.4269	0.4262
F 值	175.6922	173.1646	172.6449

注：*** 、** 、* 分别代表在 1%、5%、10% 的水平上显著，括号内为 T 值。
资料来源：作者采用 Stata 软件计算整理而得。

6.4　进一步研究：媒体关注与机构投资者持股的异质性调节作用

上述检验结果表明，媒体关注和机构投资者持股并未在内部控制重大缺陷披露与企业创新投入的关系中发挥显著的调节作用，而事实上，不同导向媒体的报道风格各异，权威性和公信力亦有差异；不同的机构投资者面临的竞争环境各异，其监督水平、利益冲突、投资策略等均有所不同。因此，区分不同导向的媒体关注和不同类型的机构投资者持股，考察其对内部控制重大缺陷披露与企业创新投入关系的影响更具现实意义。

6.4.1 媒体关注的异质性调节作用

为进一步检验不同导向媒体关注程度对内部控制重大缺陷披露与企业创新投入关系的调节作用，本书参照许瑜等（2017）的做法，将前述八份财经报纸中主管单位具有官方色彩的《中国证券报》《证券日报》《证券时报》《上海证券报》作为政策导向媒体，将其对上市公司的报道数量之和加1后取自然对数作为政策导向媒体关注程度（$Mediag$）替代指标；其余四份报纸，即《中国经营报》《21世纪经济报道》《经济观察报》《第一财经日报》作为市场导向媒体，原因在于这四份报纸常常原创性地揭露上市公司违规行为，具有较大的市场影响力，以这四者对上市公司的报道数量之和加1后取自然对数作为市场导向媒体关注程度（$Mediam$）替代指标。

一方面，从两类媒体关注的信息传播效应来看，相较于政策导向媒体，市场导向媒体有更大的经营自由和更强的原创力，其率先曝光上市公司违法违规行为的概率更大（逯东等，2015）。因此，当市场导向媒体获知企业披露的内部控制重大缺陷后，其挖掘出内部控制重大缺陷产生根源的速度可能更快，甚至率先暴露隐藏在企业中的其他内部控制重大缺陷。此时，企业不仅需承担内部控制重大缺陷披露本身引发的融资约束上升等不利后果，还可能出现因声誉损失导致的融资难问题，创新活动能力急剧下降，创新投入进一步减少。且相较于政策导向媒体，市场导向媒体面临的竞争更为激烈，因而追求"轰动"效应的动力更大（莫冬燕，2015），极易借助企业披露的内部控制重大缺陷吸引公众眼球，报道中夸大其词的概率更高，可能形成更为严重的信息偏差，导致企业获取创新资金的阻力更大。可见，当企业披露内部控制重大缺陷时，市场导向媒体的信息传播效应强于政策导向媒体，极大地提高了企业面临的融资约束水平。与此同时，管理层也会担忧内部控制重大缺陷披露被市场导向媒体关注引发的融资约束高于政策导向媒体关注,因而当市场导向媒体关注程度越高时,管理层隐瞒内部控制重大缺陷的动机更强,对内部控制重大缺陷的披露更加被动,可能进一步加剧内部控制重大缺陷披露对企业创新投入的不利影响。另一方面,从两类媒体关注的市场压力效应来看,已有研究表明,市场导向媒体关注给企业带来的市场压力大于政策导向媒体(莫冬燕,2015)。因此,当企业披露内部控制重大缺陷时,相较于政策导向媒体关注,市场导向媒体关注程度越高,企业管理层承受的市场压力越大,其风险承担意愿降低速率更快,更不愿意承担创新活动风险,短视行为越发突出。因此,相较于政策导向媒体关注程度的提高,市场导向媒体关注程度的提高更可能加剧内部控制重大缺陷披露与企业创新投入之间的负相关关系。

为验证上述推断,本书采用调节效应分析方法进行检验:为避免变量间的多重共线性,在对政策导向媒体关注程度($Mediag$)去中心化的基础上,生成其与是否披露内部控制重大缺陷($Posticmw$)的交乘项($Mediag\_Posticmw$),以表征政策导向媒体关注程度对内部控制重大缺陷披露与企业创新投入关系的调节作用;同理生成表征市场导向媒体关注程度($Mediam$)调节作用的交乘项($Mediam\_Posticmw$);并分别将$Mediag$($Mediam$)和$Mediag\_Posticmw$($Mediam\_Posticmw$)加入模型(4.1)中进行回归分析。表6-11中的第(1)列为政策导向媒体关注程度($Mediag$)的调节作用检验结果,从中可以看出,交乘项($Mediag\_Posticmw$)的回归系数(-0.0597)虽为负但不显著;表6-11中的第(2)列为市场导向媒体关注程度($Mediam$)的调节作用检验结果,从中可以看出交乘项($Mediam\_Posticmw$)的回归系数(-0.4550)在5%的水平上显著为负,说明市场导向媒体关注程度越高,内部控制重大缺陷披露对企业创新投入的不利影响越大。因此,上述推断基本得到验证。

表6-11 不同导向媒体关注的调节作用检验结果

变量	(1)	(2)
	F. RD	F. RD
Posticmw	-0.2478***	-0.2520***
	(-3.4922)	(-3.5555)
Mediag	0.0250***	
	(2.6077)	

变量	(1)	(2)
	F. RD	F. RD
Mediag_Posticmw	− 0.0597	
	(− 0.5259)	
Mediam		0.0216*
		(1.7165)
Mediam_Posticmw		− 0.4550**
		(− 2.5406)
Size	0.6034***	0.6057***
	(24.4964)	(24.5768)
Age	− 0.0719	− 0.0668
	(− 0.3782)	(− 0.3513)
Cash	− 0.2261***	− 0.2292***
	(− 3.2311)	(− 3.2771)
TobinQ	0.0272***	0.0288***
	(5.1775)	(5.5326)
Capex	− 0.1497**	− 0.1473**
	(− 2.4238)	(− 2.3834)
Lev	− 0.1045	− 0.1025
	(− 1.2703)	(− 1.2463)
Profit	0.2090***	0.2211***
	(3.2212)	(3.4098)
Top1	− 0.2382*	− 0.2488*
	(− 1.6634)	(− 1.7382)
Dual	0.0416*	0.0393*
	(1.8088)	(1.7087)
Sep	0.0062***	0.0064***
	(2.6647)	(2.7500)
Lnpay	0.0925***	0.0934***
	(4.1040)	(4.1438)
Big4	− 0.1098	− 0.1058
	(− 1.4169)	(− 1.3664)
Seg	0.0442**	0.0428*
	(2.0116)	(1.9503)
HHI	0.1883	0.1790
	(1.5846)	(1.5068)
Sub	− 0.7756	− 0.7890
	(− 1.5144)	(− 1.5405)

变量	(1)	(2)
	F. RD	*F. RD*
Constant	3. 3903 ***	3. 3369 ***
	(4. 5512)	(4. 4805)
firm & year	控制	控制
样本量	7 884	7 884
Within_R²	0. 4264	0. 4266
F 值	173. 2171	173. 3291

注：***、**、* 分别代表在 1%、5%、10% 的水平上显著，括号内为 *T* 值。
资料来源：作者采用 Stata 软件计算整理而得。

6.4.2　机构投资者持股的异质性调节作用

为进一步揭示不同机构投资者持股对内部控制重大缺陷披露与企业创新投入关系的调节作用，本书根据机构投资者与持股企业的商业关联紧密度和机构投资者受政府干预程度的不同，将机构投资者区分为与持股企业仅存在投资关系的独立机构投资者和与持股企业既有投资关系又有商业关系的非独立机构投资者（吴先聪等，2016），前者包括证券投资基金与合格境外投资者（QFII），后者包括社保基金、券商、保险公司和信托投资公司以及企业年金。

一方面，从两者对受托人利益的保护情况来看，与非独立机构投资者相比，由于独立机构投资者与企业没有业务关系，受企业管理层的影响较小，因而它们会更加积极地维护受托人利益（Chen et al.，2007）。因此，当企业披露内部控制重大缺陷可能导致业绩下降，损害受托人利益时，独立机构投资者可能会采取比非独立机构投资者更为激进的方式维护受托人利益，因而其持股比例越高，越可能促使企业暂停高风险的创新投资活动，加剧内部控制重大缺陷对企业创新投入的不利影响。另一方面，从两者对自我利益的保护情况来看，由于独立机构投资者的目标主要在于资本增值，而非独立机构投资者因顾忌其与持股企业的业务往来，通常会在资本增值与其他商业利益之间进行权衡（Pound，1988）。因此，当企业披露内部控制重大缺陷时，独立机构投资者可能从资本增值目标出发（杨海燕等，2012），为避免内部控制重大缺陷披露引发的市场负面影响给自己带来过多损失，可能采取惯性交易策略，且其持股比例越高，该策略的实施可能导致企业创新资金更加匮乏；而非独立机构投资者的主要目标在于维持商业联系（杨海燕等，2012），因此，即使企业披露内部控制重大缺陷可能引发市场的负面反应，不利于资本增值，但考虑到其他商业利益价值，非独立机构投资者仍可能保持自身"投资者"的地位，不会实施较大规模的减持。与此同时，企业管理层可能更担心内部控制重大缺陷披露引发独立机构投资者的短视行为，因而相对于非独立机构投资者，独立机构投资者持股比例越高，管理层被动披露内部控制重大缺陷的可能性越大，进而加剧内部控制重大缺陷披露对企业创新投入的不利影响。且与独立机构投资者中的证券投资基金不同，非独立机构投资者中的社保等保险基金无须定期披露其投资组合，也不参与基金排名，因而更看重企业的长期价值（李淑娟，2007）。因此，当企业披露内部控制重大缺陷时，社保等保险基金因自身利益与管理层合谋，放弃或暂停创新活动的概率小于证券投资基金，对企业创新活动的破坏作用较小。由此可以推断：随着独立机构投资者持股比例的增大，内部控制重大缺陷披露与企业创新投入的负相关关系更为严重；而非独立机构投资者持股比例的增加，可能不会显著影响内部控制重大缺陷披露与企业创新投入的关系。

为验证上述推断，采用调节效应分析方法进行检验：为避免变量间的多重共线性，在对独立机构投资者持股比例（$IIns$）去中心化的基础上生成其与是否披露内部控制重大缺陷（$Posticmw$）的交乘项（$IIns\_Posticmw$），以表征独立机构投资者持股比例对内部控制重大缺陷披露与企业创新投入关系的调节作用；同理生成表征非独立机构投资者持股比例（$DIns$）调节作用的交乘项（$DIns\_Posticmw$）；并分别将 $IIns$（$DIns$）和 $IIns\_Posticmw$（$DIns\_Posticmw$）加入模型（4.1）中进行回归分析。表 6 – 12 中的第（1）列为独立机构投资者持股比例（$IIns$）的调节作用检验结果，结果显示，交乘项（$IIns\_Posticmw$）的回归系数（– 6.8332）在 5% 的水平上显著为负，说明独立机构投资者持股比例越高，内部控制重大缺陷披露对企业创新投入的不利影响越大；表 6 – 12 中的第（2）列为非独立机构投资者持股比例（$DIns$）的调节作用检验结果，结果显示，交乘项（$DIns\_Posticmw$）的回归系数（2.8358）虽为正但不显著；回归结果表明上述推断基本得到验证。

表 6 – 12　　　　　不同类型机构投资者持股的调节作用检验结果

变量	(1)	(2)
	F. RD	F. RD
Posticmw	− 0. 3696 ***	− 0. 2214 **
	(− 3. 8870)	(− 2. 3198)
IIns	0. 2030 **	
	(2. 4046)	
IIns_Posticmw	− 6. 8332 **	
	(− 2. 0142)	
DIns		0. 2792
		(0. 9515)
DIns_Posticmw		2. 8358
		(0. 2998)
Size	0. 6043 ***	0. 6046 ***
	(24. 5639)	(24. 5286)
Age	− 0. 0646	− 0. 0636
	(− 0. 3399)	(− 0. 3346)
Cash	− 0. 2367 ***	− 0. 2306 ***
	(− 3. 3784)	(− 3. 2933)
TobinQ	0. 0256 ***	0. 0291 ***
	(4. 7046)	(5. 5954)
Capex	− 0. 1565 **	− 0. 1533 **
	(− 2. 5327)	(− 2. 4800)
Lev	− 0. 1043	− 0. 0943
	(− 1. 2687)	(− 1. 1463)
Profit	0. 2054 ***	0. 2149 ***
	(3. 1605)	(3. 3123)
Top1	− 0. 2308	− 0. 2527 *
	(− 1. 6111)	(− 1. 7630)
Dual	0. 0402 *	0. 0421 *
	(1. 7483)	(1. 8295)
Sep	0. 0063 ***	0. 0065 ***
	(2. 7053)	(2. 7553)
Lnpay	0. 0939 ***	0. 0933 ***
	(4. 1685)	(4. 1371)
Big4	− 0. 1037	− 0. 1044
	(− 1. 3394)	(− 1. 3465)
Seg	0. 0443 **	0. 0438 **
	(2. 0115)	(1. 9917)

变量	(1)	(2)
	F. RD	F. RD
HHI	0.1778	0.1836
	(1.4952)	(1.5443)
Sub	-0.7789	-0.7767
	(-1.5211)	(-1.5154)
Constant	3.3533***	3.3604***
	(4.5080)	(4.5126)
firm & year	控制	控制
样本量	7 884	7 884
Within_R^2	0.4267	0.4258
F 值	173.4213	172.7975

注：***、**、*分别代表在1%、5%、10%的水平上显著，括号内为T值。
资料来源：作者采用Stata软件计算整理而得。

6.5　本　章　小　结

本章基于信息不对称理论和委托代理理论，嵌入分析师关注的信息解读作用与压力施加作用，媒体关注的信息传播效应与市场压力效应，机构投资者持股的受托人利益保护与自我利益保护，分析了重要的外部信息环境因素对内部控制重大缺陷披露与企业创新投入关系的调节作用，并以2012~2019年中国沪深A股上市公司为研究样本，采用调节效应检验方法进行回归分析发现：内部控制重大缺陷披露对企业创新投入的不利影响随着分析师关注程度的提高而加大；媒体关注和机构投资者持股不会显著影响内部控制重大缺陷披露与企业创新投入的关系。考虑可能存在的内生性问题，采用PSM配对样本进行内生性检验，并通过变换投资模型设定，变换因变量、控制变量，删除特殊样本的方法，进行稳健性检验，结果发现上述结论依然成立，因而增强了本书研究结论的可靠性。进一步区分媒体导向和机构投资者类型发现：市场导向媒体关注程度和独立机构投资者持股比例越高，内部控制重大缺陷披露对企业创新投入的不利影响越大。本章的研究结论不仅揭示了内部控制重大缺陷披露与企业创新投入关系的信息环境机制，而且为政府监管部门通过改善企业外部信息环境，促进企业优化内部控制重大缺陷披露行为，从而督促企业提高内部控制有效性；对于投资者等利益相关者根据企业外部信息环境，结合企业管理层动机选择行为，正确判断企业内部控制有效性与会计信息质量，提供系统的经验证据。

第 7 章　研究结论、建议与展望

7.1　研　究　结　论

本书以 2012～2019 年中国沪深 A 股上市公司为研究样本，理论分析并实证检验内部控制重大缺陷披露与企业创新投入的关系及其中介因子，以及管理层内部控制重大缺陷披露动机选择行为和外部信息环境对两者关系的调节作用，以求从内部控制重大缺陷披露视角揭示内部控制有效性与企业创新投入的内在关系，以及管理层内部控制重大缺陷披露动机选择行为和外部信息环境的影响机制。研究结果表明：

（1）与未披露内部控制重大缺陷的企业相比，披露内部控制重大缺陷的企业在披露该信息后企业创新投入水平下降，即无效的内部控制会显著抑制企业创新投入。一方面说明提高内部控制有效性有利于促进企业创新投入；另一方面说明目前企业内部控制重大缺陷披露不利于企业创新投入。该研究结论在经过平行趋势检验、安慰剂检验、利用 PSM 配对样本检验和 Heckman 两阶段模型排除可能存在的内生性问题干扰后依然成立，且通过变换投资模型设定，变换因变量和控制变量以及删除特殊样本的方法进行稳健性检验，结果表明，上述研究结论可靠性较强。进一步研究发现，内部控制重大缺陷披露因恶化了两类代理问题、降低了企业风险承担水平、加剧了企业面临的融资约束，进而导致企业创新投入水平下降。

（2）内部控制重大缺陷披露对企业创新投入的不利影响仅存在于非主动披露该信息的企业中，且与内部控制重大缺陷相关的整改信息披露越充分，内部控制重大缺陷披露对企业创新投入的不利影响越小，而内部控制重大缺陷披露及时性不能缓解这种不利影响。这说明，目前企业内部控制重大缺陷披露中被动披露的情况居多，内部控制重大缺陷整改建设有效性不高。考虑可能存在的内生性问题，采用 PSM 配对样本进行内生性检验，通过变换投资模型设定，变换因变量、控制变量，删除特殊样本的方法进行稳健性检验，结果发现，上述结论依然成立，说明上述研究结论具备较强的可靠性。

（3）内部控制重大缺陷披露对企业创新投入的不利影响随着分析师关注程度的提高而加大，媒体关注和机构投资者持股不会显著影响内部控制重大缺陷披露与企业创新投入的关系。这说明，提高分析师关注能够充分揭露目前内部控制重大缺陷披露不够主动、整改不够有效对企业创新投入产生的负面影响，从而有利于促进管理层优化内部控制重大缺陷披露行为，加强内部控制建设。考虑可能存在的内生性问题，采用 PSM 配对样本进行内生性检验，并通过变换投资模型设定，变换因变量、控制变量，删除特殊样本的方法进行稳健性检验，结果发现，上述结论依然成立。进一步区分媒体导向和机构投资者类型发现，市场导向媒体关注程度和独立机构投资者持股比例越高，内部控制重大缺陷披露对企业创新投入的不利影响越大。这说明增加市场导向媒体关注程度和独立机构投资者持股比例，也有利于促进管理层优化内部控制重大缺陷披露行为，加强内部控制建设。

7.2　政　策　建　议

基于以上研究结论，本书提出如下政策建议。

（1）企业应优化内部控制重大缺陷披露和整改行为，以提高自身创新投入水平。本书研究结论表明，目前中国上市公司的内部控制重大缺陷披露行为总体上不利于促进企业创新投入，主要原因是披露的主动性不够、整改建设的有效性不足。

首先，企业治理层和管理层应严格按照《评价指引》和证监会公告〔2014〕1 号文件的要求及时主动地披露内部控制重大缺陷，树立并维护自身诚信担当负责的形象，以此促进自身加强内部控制建设，增强内部控制有效性，降低代理成本，提高风险承担能力，缓解融资约束，提升创新投入水平。

其次，企业治理层和管理层即使在被动披露内部控制重大缺陷的情况下，也应该勇于担当，敢于负责，切实承担内部控制重大缺陷整改建设的重任，不能敷衍塞责，更不能破罐子破摔。只有这样才能重新建立起投资者对自己的信任，修补自己的形象，赢得创新投入资金支持，实现企业可持续发展。

最后，企业治理层和管理层应持续重视和加强内部控制建设，避免出现内部控制重大缺陷，提高和保持内部控制有效性，使企业在内部控制信息披露中始终保持主动，树立良好形象，从根本上降低代理成本，提高风险承担能力，缓解融资约束，提升创新投入水平。

（2）政府应加强内部控制重大缺陷披露主动性和整改有效性监管，并努力改善企业信息披露环境。本书研究结论表明，提高上市公司内部控制信息披露水平，政府监管部门不仅要颁布实施和不断完善内部控制信息披露制度，加强内部控制信息披露监管，还要努力改善企业信息披露环境。具体而言：

第一，政府监管部门应当以新证券法的颁布实施为契机，及时修改内部控制信息披露制度，建立促进企业管理层主动披露内部控制重大缺陷的激励机制、控制机制和考核机制，强化管理层整改内部控制重大缺陷的责任，从制度上保障内部控制重大缺陷披露的主动性和整改的有效性。

第二，政府监管部门应当加强内部控制重大缺陷披露主动性和整改有效性的监管，通过经常性的稽查和及时的问询以及事后的严格责罚等措施，促进企业积极主动披露和有效整改内部控制重大缺陷，持续建设和保障内部控制有效性。

第三，政府监管部门要通过倡导提高分析师评比活动中关于行业创新发展特色研究的权重，引导分析师向市场提供关于企业可持续发展能力的信息；在加强媒体诚信监管的同时，大力发展市场导向媒体；通过税收政策等鼓励独立机构投资者发展，加大投资组合中创新型企业股票的配置比例，充分发挥分析师、媒体以及机构投资者的监管作用，为企业创新提供良好的外部信息环境。

（3）投资者应根据企业管理层内部控制重大缺陷披露动机选择行为与外部信息环境，相机开展投资决策，以提高投资效率。本书研究结论表明，投资者在进行投资决策的过程中，不能仅仅关注内部控制重大缺陷披露与否对企业创新投入的影响，还应当结合管理层动机选择行为与外部信息环境形成理性预期，提高决策有效性。具体而言：

一方面，投资者应理性看待内部控制重大缺陷披露对企业创新投入的不利影响，根据管理层在内部控制重大缺陷披露中的动机选择行为判断内部控制重大缺陷披露与企业创新投入的关系，预测企业发展趋势，理性开展投资活动。内部控制重大缺陷披露是上市公司内部信息环境的重要组成部分，相较于内部控制信息自愿性披露阶段，自2012年起在强制性披露制度监管下，沪深A股上市公司内部控制重大缺陷披露行为相对规范，但是管理层在内部控制信息披露工作中的动机选择行为增加了上市公司内部信息环境的复杂性并影响着内部控制重大缺陷披露的经济后果。因此，面对上市公司内部控制评价报告中披露的内部控制重大缺陷，投资者不能笼统地认为其对企业创新是不利的，应当充分考虑企业是否主动披露和认真整改内部控制重大缺陷，这样才能作出有效的投资决策，反过来促进企业主动披露和认真整改内部控制重大缺陷，提高内部控制有效性。

另一方面，投资者作为信息消费者，不仅应利用信息中介的专业服务判断内部控制重大缺陷对企业创新投入的影响，还应充分关注企业内部控制信息披露的外部信息环境。因为根据外部信息环境判断企业内部控制重大缺陷披露的后果影响，才能获得更有价值的信息，从而提高投资决策的有效性。

7.3 研究展望

受研究能力等主观因素以及内部控制缺陷认定标准数据披露规范性、可比性较差等客观因素的限制，本书仍存在以下问题有待在未来的研究中进一步完善。

第一，本书主要讨论了内部控制重大缺陷披露对企业创新投入的影响，而披露非重大缺陷是否也会影响企业创新投入？其影响作用是否因缺陷严重程度有所差异？管理层在非重大缺陷披露中是否也存在动机选择行为，是否会影响非重大缺陷披露与企业创新投入的关系？研究这些问题能够更加深入地揭示内部控制信息披露与企业创新投入的关系，也是笔者未来进一步研究的内容。

第二，内部控制缺陷严重程度的划分直接受制于内部控制缺陷认定标准，而当前中国上市公司内部控制缺陷认定标准制定科学性、披露规范性均有待提高（丁友刚和段然，2020），可能导致本书的研究结论存在一定偏差，同时这也是目前内部控制缺陷披露经济后果研究中普遍存在的不足。随着内部控制制度的完善，企业间内部控制缺陷认定标准可比性的提高，笔者在未来的学习工作中将结合企业内部控制缺陷认定标准披露情况展开研究，以增强本书研究结论的可靠性。

第三，本书分别讨论了管理层内部控制重大缺陷披露动机选择行为和重要外部信息环境因素对内部控制重大缺陷披露与企业创新投入关系的影响，但管理层内部控制重大缺陷披露动机选择行为还可能有其他表现形式，而随着大数据技术的发展，外部信息环境的范围及其表现形式也在不断地扩大和变化，且本书尚未将两者的交互调节作用纳入研究范畴。因此，在以后的研究中还将深入挖掘管理层内部控制重大缺陷披露动机选择行为的其他表现，以及大数据视域下的外部信息环境等对内部控制重大缺陷披露与企业创新投入关系的调节作用；管理层内部控制重大缺陷披露动机选择行为作为内部信息环境复杂性的表现和外部信息环境间存在相互作用，未来还可以探讨本书各调节因素的交互作用如何影响内部控制重大缺陷披露与企业创新投入的关系。

参 考 文 献

[1] 仓勇涛，储一昀，戚真. 外部约束机制监督与公司行为空间转换——由次贷危机引发的思考 [J]. 管理世界，2011（6）：91-104.

[2] 陈东，邢霖. 税收优惠与企业研发投入：内部控制的视角 [J]. 现代经济探讨，2020（12）：80-90.

[3] 陈汉文，邓顺永. 盈余报告及时性：来自中国股票市场的经验证据 [J]. 当代财经，2004（4）：103-108.

[4] 陈汉文，黄轩昊. 中国上市公司内部控制指数：逻辑、构建与验证 [J]. 审计研究，2019（1）：55-63.

[5] 陈红，纳超洪，雨田木子，韩翔飞. 内部控制与创新补助绩效研究 [J]. 管理世界，2018，34（12）：149-164.

[6] 陈君兰. 信息生态视角下上市公司信息环境研究 [D]. 长沙：湖南大学，2013.

[7] 陈丽蓉，周曙光. 上市公司内部控制效率实证研究——基于审计师变更视角的经验证据 [J]. 当代财经，2010（10）：120-128.

[8] 陈清泰. 促进企业自主创新的政策思考 [J]. 管理世界，2006（7）：1-3+52.

[9] 陈思，何文龙，张然. 风险投资与企业创新：影响和潜在机制 [J]. 管理世界，2017（1）：158-169.

[10] 陈武朝. 在美上市公司内部控制重大缺陷认定、披露及对中国企业的借鉴 [J]. 审计研究，2012（1）：103-109.

[11] 陈艳利，乔菲. 内部控制信息披露有效性的影响因素和作用机制 [J]. 财经问题研究，2015（10）：87-94.

[12] 陈泽艺，李常青. 媒体关注与内部控制缺陷修正：市场压力或信息透明 [J]. 当代财经，2019（11）：72-81.

[13] 成力为，戴小勇. 研发投入分布特征与研发投资强度影响因素的分

析——基于中国 30 万个工业企业面板数据 [J]. 中国软科学，2012
(8)：152 - 165.

[14] 程小可，张慧慧，李昊洋，等. 研发信息披露对研发活动溢出效应
的影响——来自创业板的经验数据 [J]. 科技进步与对策，2018，
35 (11)：18 - 26.

[15] 池国华，王钰. 董事会特征与内部控制缺陷信息披露——基于制度变
迁视角的实证研究 [J]. 财经理论与实践，2018，39 (6)：83 - 89.

[16] 池国华，王钰. 内部控制缺陷披露与投资不足：抑制还是加剧？
[J]. 中南财经政法大学学报，2017 (6)：3 - 10 +158.

[17] 池国华，张传财，韩洪灵. 内部控制缺陷信息披露对个人投资者风险
认知的影响：一项实验研究 [J]. 审计研究，2012 (2)：105 - 112.

[18] 池国华，朱俊卿，郭芮佳，邹威. 内部控制缺陷整改后企业高管腐
败程度降低了吗？——基于高管隐性和显性腐败双重视角的实证分
析 [J]. 财经理论与实践，2020，41 (3)：79 - 87.

[19] 褚剑，方军雄. 政府审计的外部治理效应：基于股价崩盘风险的研
究 [J]. 财经研究，2017，43 (4)：133 - 145.

[20] 崔志娟. 规范内部控制的思路与政策研究——基于内部控制信息披
露"动机选择"视角的分析 [J]. 会计研究，2011 (11)：52 -
56 +93.

[21] 戴国强，邓文慧. 分析师关注度对企业投资决策的影响 [J]. 金融
经济学研究，2017，32 (3)：107 - 116.

[22] 单华军. 内部控制、公司违规与监管绩效改进——来自 2007—2008
年深市上市公司的经验证据 [J]. 中国工业经济，2010 (11)：
140 - 148.

[23] 丁友刚，段然. 内部控制缺陷认定标准：混沌和乱象——基于科学判
断与或有事项准则的思考 [J]. 会计研究，2020 (3)：141 - 156.

[24] 董卉娜，陈峥嵘，朱志雄. 上市公司内部控制缺陷披露现状研
究——基于 2009—2010 年深市主板 A 股的实证分析 [J]. 证券市场
导报，2012 (8)：72 - 77.

[25] 董卉娜，何芹. 机构投资者持股对内部控制缺陷的影响 [J]. 山西
财经大学学报，2016，38 (5)：90 - 100.

[26] 窦程强，张为杰，王建炜. 纳税信用评级结果披露与研发投入 [J].

技术经济，2020，39（2）：55 – 63.

[27] 方红星，戴捷敏．公司动机、审计师声誉和自愿性内部控制鉴证报告——基于 A 股公司 2008—2009 年年报的经验研究［J］．会计研究，2012（2）：87 – 95 + 97.

[28] 方杰，张敏强，邱皓政．中介效应的检验方法和效果量测量：回顾与展望［J］．心理发展与教育，2012，28（1）：105 – 111.

[29] 傅家骥，仝允桓，高建等．技术创新学［M］．北京：清华大学出版社，1998.

[30] 盖地，盛常艳．内部控制缺陷及其修正对审计收费的影响——来自中国 A 股上市公司的数据［J］．审计与经济研究，2013，28（3）：21 – 27.

[31] 葛家澍，李翔华．论会计是一个经济信息系统［J］．财经研究，1986（9）：44 – 49.

[32] 宫义飞．内部控制缺陷及整改对股价崩盘风险的影响［J］．中南财经政法大学学报，2020（1）：37 – 45.

[33] 宫义飞，谢元芳．内部控制缺陷及整改对盈余持续性的影响研究——来自 A 股上市公司的经验证据［J］．会计研究，2018（5）：75 – 82.

[34] 顾奋玲，解角羊．内部控制缺陷、审计师意见与企业融资约束——基于中国 A 股主板上市公司的经验数据［J］．会计研究，2018（12）：77 – 84.

[35] 顾海峰，卞雨晨．内部控制、董事联结与企业创新——基于中国创业板上市公司的证据［J］．管理学刊，2020，33（6）：48 – 60.

[36] 顾雷雷，王鸿宇．社会信任、融资约束与企业创新［J］．经济学家，2020（11）：39 – 50.

[37] 郭阳生，沈烈，汪平平．审计师地理距离与内部控制质量——兼论时间距离与审计师特征的调节效应［J］．审计与经济研究，2018，33（3）：52 – 62.

[38] 郭晔，黄振，姚若琪．战略投资者选择与银行效率——来自城商行的经验证据［J］．经济研究，2020，55（1）：181 – 197.

[39] 郭兆颖．内部控制缺陷、会计稳健性与盈余管理关系研究［J］．预测，2020，39（3）：58 – 64.

［40］韩少真，李辉，潘颖．内部控制、制度环境与技术创新［J］．科学管理研究，2015，33（6）：24－27.

［41］郝盼盼．CEO过度自信与企业创新投入决策研究［D］．太原：山西大学，2017.

［42］何瑛，于文蕾，杨棉之．CEO复合型职业经历、企业风险承担与企业价值［J］．中国工业经济，2019（9）：155－173.

［43］贺伊琦．基于自组织理论和仿生学的企业内部控制——内部控制学的新分析框架［J］．上海立信会计学院学报，2011，25（6）：56－63.

［44］洪峰，戴文涛，张然．上市公司内部控制信息披露质量评价——基于强制披露前后的对比［J］．中国注册会计师，2014（1）：75－81.

［45］胡川，王林江，张桂玲．分析师关注、内部控制有效性与科技型中小企业创新［J］．科技进步与对策，2020，37（3）：88－97.

［46］胡国柳，赵阳，胡珺．D&O保险、风险容忍与企业自主创新［J］．管理世界，2019，35（8）：121－135.

［47］江轩宇，申丹琳，李颖．会计信息可比性影响企业创新吗［J］．南开管理评论，2017，20（4）：82－92.

［48］金碚．关于"高质量发展"的经济学研究［J］．中国工业经济，2018（4）：5－18.

［49］鞠晓生，卢荻，虞义华．融资约束、营运资本管理与企业创新可持续性［J］．经济研究，2013，48（1）：4－16.

［50］孔东民，刘莎莎，应千伟．公司行为中的媒体角色：激浊扬清还是推波助澜？［J］．管理世界，2013（7）：145－162.

［51］雷倩华，柳建华，龚武明．机构投资者持股与流动性成本——来自中国上市公司的经验证据［J］．金融研究，2012（7）：182－195.

［52］冷建飞，高云．融资约束下企业社会责任信息披露质量与创新持续性——中小板企业数据分析［J］．科技进步与对策，2019，36（11）：77－84.

［53］李彬，郑雯，马晨．税收征管对企业研发投入的影响——抑制还是激励？［J］．经济管理，2017，39（4）：20－36.

［54］李春涛，张计宝，张璇．年报可读性与企业创新［J］．经济管理，2020，42（10）：156－173.

[55] 李慧云，刘倩颖，欧倩，符少燕．产品市场竞争视角下信息披露与企业创新 [J]．统计研究，2020，37（7）：80－92.

[56] 李建标，赵爱莉，王静．基于潜在竞争者的公司信息披露策略研究——实验室实验的检验 [J]．南开管理评论，2015，18（1）：37－44.

[57] 李君平，徐龙炳．资本市场错误定价、融资约束与公司融资方式选择 [J]．金融研究，2015（12）：113－129.

[58] 李兰，仲为国，彭泗清，郝大海，王云峰．当代企业家精神：特征、影响因素与对策建议——2019 中国企业家成长与发展专题调查报告 [J]．南开管理评论，2019，22（5）：4－12＋2.

[59] 李淑娟．社保基金参与公司治理的模式选择 [J]．改革与战略，2007（4）：113－115.

[60] 李万福，杜静，张怀．创新补助究竟有没有激励企业创新自主投资——来自中国上市公司的新证据 [J]．金融研究，2017（10）：130－145.

[61] 李万福，林斌，林东杰．内部控制能有效规避财务困境吗？[J]．财经研究，2012，38（1）：124－134.

[62] 李万福，林斌，宋璐．内部控制在公司投资中的角色：效率促进还是抑制？[J]．管理世界，2011（2）：81－99＋188.

[63] 李维安，戴文涛．公司治理、内部控制、风险管理的关系框架——基于战略管理视角 [J]．审计与经济研究，2013，28（4）：3－12.

[64] 李心合．内部控制：从财务报告导向到价值创造导向 [J]．会计研究，2007（4）：54－60＋95－96.

[65] 李越冬，严青．机构投资者持股、终极产权与内部控制缺陷 [J]．会计研究，2017（5）：83－89＋97.

[66] 李越冬，张冬，刘伟伟．内部控制重大缺陷、产权性质与审计定价 [J]．审计研究，2014（2）：45－52.

[67] 连玉君，廖俊平．如何检验分组回归后的组间系数差异？[J]．郑州航空工业管理学院学报，2017，35（6）：97－109.

[68] 梁上坤．媒体关注、信息环境与公司费用粘性 [J]．中国工业经济，2017（2）：154－173.

[69] 林斌，林东杰，胡为民，谢凡，阳尧．目标导向的内部控制指数研

究［J］. 会计研究, 2014 (8)：16－24＋96.

[70] 林斌, 刘春丽, 舒伟, 魏广剑. 中国上市公司内部控制缺陷披露研究——数据分析与政策建议［J］. 会计之友, 2012 (25)：9－16.

[71] 林煜恩, 初昌玮, 池祥萱. 管理者权力、内部控制信息披露质量对研发支出的影响［J］. 管理学刊, 2018, 31 (4)：47－62.

[72] 林煜恩, 李欣哲, 卢扬, 池祥萱. 管理层语调的信号和迎合：基于中国上市企业创新的研究［J］. 管理科学, 2020, 33 (4)：53－66.

[73] 林钟高, 常青. 内部控制监管、内部控制缺陷及整改与董事会治理［J］. 会计与经济研究, 2017, 31 (1)：65－83.

[74] 林钟高, 陈曦. 分析师跟踪、内部控制缺陷与机构投资者持股［J］. 南京审计大学学报, 2017, 14 (5)：22－34.

[75] 林钟高, 陈曦. 社会信任、内部控制重大缺陷及其整改与财务风险［J］. 当代财经, 2016 (6)：118－129.

[76] 林钟高, 丁茂桓. 内部控制缺陷及其整改对企业债务融资成本的影响——基于内部控制监管制度变迁视角的实证研究［J］. 会计研究, 2017 (4)：73－80＋96.

[77] 林钟高, 李帽帽. 企业内部控制缺陷及其整改对合规风险的影响——基于"免疫系统"理论的研究［J］. 南京审计大学学报, 2016, 13 (3)：11－17.

[78] 林钟高, 徐虹, 王帅帅. 内部控制缺陷及其整改、合规成本与高管变更［J］. 河北经贸大学学报, 2017, 38 (5)：89－98.

[79] 林钟高, 张春艳, 丁茂桓. 市场化进程、内部控制缺陷及其整改与企业社会责任［J］. 安徽师范大学学报 (人文社会科学版), 2018, 46 (2)：57－68.

[80] 林钟高, 赵孝颖. 外部监管与内部控制缺陷修复——基于分析师跟踪与机构投资者双重视角［J］. 财会月刊, 2019 (2)：12－21.

[81] 刘柏, 徐小欢. 信息透明度影响企业研发创新吗？［J］. 外国经济与管理, 2020, 42 (2)：30－42.

[82] 刘西国, 赵莹, 李丽华. 政府审计、内部控制与企业创新［J］. 南京审计大学学报, 2020, 17 (5)：20－28.

[83] 卢闯. 盈余质量的经济后果：代理成本角度的经验证据［M］. 北京：经济科学出版社, 2010.

[84] 芦雅婷，张俊民．非财务报告内部控制缺陷披露具有盈余信息含量吗？——基于投资者信任视角的理论分析［J］．华东经济管理，2019，33（1）：137－144．

[85] 逯东，付鹏，杨丹．媒体类型、媒体关注与上市公司内部控制质量［J］．会计研究，2015（4）：78－85＋96．

[86] 骆良彬，郑昊．内部控制视角下的企业研发投资风险防范探究［J］．福建论坛（人文社会科学版），2016（8）：28－32．

[87] 孟庆斌，师倩．宏观经济政策不确定性对企业研发的影响：理论与经验研究［J］．世界经济，2017，40（9）：75－98．

[88] 莫冬燕．媒体关注：市场监督还是市场压力——基于企业盈余管理行为的研究［J］．宏观经济研究，2015（11）：106－118．

[89] 南京大学会计与财务研究院课题组．论中国企业内部控制评价制度的现实模式——基于112个企业案例的研究［J］．会计研究，2010（6）：51－61＋96．

[90] 倪静洁，吴秋生．内部控制有效性与企业创新投入——来自上市公司内部控制缺陷披露的证据［J］．山西财经大学学报，2020，42（9）：70－84．

[91] 倪静洁，吴秋生．内控重大缺陷修复信息披露与企业创新投入——来自A股上市公司企业内控评价报告的证据［J］．经济问题，2020（12）：90－99．

[92] 倪娟，王帆．管理层能力提高了研发绩效吗？——基于内部控制视角［J］．科研管理，2020，41（4）：220－228．

[93] 潘越，潘健平，戴亦一．公司诉讼风险、司法地方保护主义与企业创新［J］．经济研究，2015，50（3）：131－145．

[94] 潘越，潘健平，戴亦一．专利侵权诉讼与企业创新［J］．金融研究，2016（8）：191－206．

[95] 皮天雷．国外声誉理论：文献综述、研究展望及对中国的启示［J］．首都经济贸易大学学报，2009，11（3）：95－101．

[96] 齐结斌，安同良．机构投资者持股与企业研发投入——基于非线性与异质性的考量［J］．中国经济问题，2014（3）：27－39．

[97] 秦汉锋．技术创新与制度创新互动关系理论的比较［J］．经济科学，1999（5）：39－45．

[98] 秦娜, 曾祥飞. 内部控制融资约束对企业 R&D 投资的影响 [J]. 统计与决策, 2018, 34 (3): 185 – 188.

[99] 邱冬阳, 陈林, 孟卫东. 内部控制信息披露与 IPO 抑价——深圳中小板市场的实证研究 [J]. 会计研究, 2010 (10): 34 – 39 +95.

[100] 权小锋, 刘佳伟, 孙雅倩. 设立企业博士后工作站促进技术创新吗——基于中国上市公司的经验证据 [J]. 中国工业经济, 2020 (9): 175 – 192.

[101] 阮刚铭, 魏宇方舟, 官峰. 慈善捐赠、社会资本与融资约束 [J]. 会计与经济研究, 2019, 33 (3): 79 – 91.

[102] 山立威. 心理还是实质: 汶川地震对中国资本市场的影响 [J]. 经济研究, 2011, 46 (4): 121 – 134 +146.

[103] 尚兆燕, 刘凯扬. IT 控制缺陷、财务报表重大错报风险及非标审计意见——来自中国上市公司的经验数据 [J]. 审计研究, 2019 (1): 120 – 128.

[104] 佘晓燕, 毕建琴. 负面偏好与上市企业披露内部控制缺陷信息关系研究 [J]. 管理科学, 2018, 31 (4): 45 – 61.

[105] 盛常艳. 内部控制缺陷信息披露与公司业绩的关系——来自中国 A 股上市公司的数据 [J]. 现代财经 (天津财经大学学报), 2012, 32 (6): 88 – 95.

[106] 石蕾, 邢程, 许宁宁. 上市公司内部控制披露重大缺陷的行为选择——基于内部控制缺陷严重程度的分析 [J]. 商业研究, 2018 (3): 102 – 106.

[107] 时现, 吴厚堂. 内部控制、研发强度与管理短视——基于中国上市公司的经验证据 [J]. 南京审计大学学报, 2016, 13 (5): 19 – 29.

[108] 斯蒂芬·P. 罗宾斯, 玛丽·库尔特. 管理学 [M]. 11 版, 北京: 中国人民大学出版社, 2012: 220 – 227.

[109] 宋迪, 刘长翠, 杨超. 内部控制质量与公司对外担保行为的相关性研究——基于沪深两市 2008 ~ 2017 年的经验证据 [J]. 审计研究, 2019 (1): 100 – 109.

[110] 宋绍清. 中国上市公司内部控制信息披露制度性研究 [D]. 武汉: 华中科技大学, 2008.

[111] 宋岩，孙晓君. 企业社会责任与研发投入——基于年报文本分析的视角 [J]. 重庆社会科学，2020（6）：80-96.

[112] 孙光国，杨金凤. 高质量的内部控制能提高会计信息透明度吗？[J]. 财经问题研究，2013（7）：77-86.

[113] 唐建荣，李晴. 治理结构、R&D 投入与绩效的逻辑分析——兼议政府补助的作用路径 [J]. 审计与经济研究，2019，34（2）：67-78.

[114] 唐清泉，李海威，周熠蒙. 中国企业创新模式的选择——基于公司治理的视角 [J]. 当代经济管理，2011，33（12）：23-31.

[115] 唐跃军，左晶晶. 所有权性质、大股东治理与公司创新 [J]. 金融研究，2014（6）：177-192.

[116] 唐正清，顾慈阳. 机构投资者参与公司治理：理论分析、经验总结与对策建议 [J]. 江淮论坛，2005（3）：36-42+71.

[117] 田高良，封华，于忠泊. 资本市场中媒体的公司治理角色研究 [J]. 会计研究，2016（6）：21-29+94.

[118] 田高良，齐保垒，李留闯. 基于财务报告的内部控制缺陷披露影响因素研究 [J]. 南开管理评论，2010，13（4）：134-141.

[119] 田娟，余玉苗. 内部控制缺陷识别与认定中存在的问题与对策 [J]. 管理世界，2012（6）：180-181.

[120] 王斌，解维敏，曾楚宏. 机构投资者持股、公司治理与上市公司R&D 投入——来自中国上市公司的经验证据 [J]. 科技进步与对策，2011，28（6）：78-82.

[121] 王帆，许诺，章琳，张龙平. 年报预约披露延迟与企业创新 [J]. 会计研究，2020（8）：159-177.

[122] 王惠芳. 内部控制缺陷认定：现状、困境及基本框架重构 [J]. 会计研究，2011（8）：61-67.

[123] 王惠芳. 上市公司年报信息再分类与披露管制新思路 [J]. 会计研究，2009（9）：36-41.

[124] 王加灿. 上市公司内部控制审计与年报及时性——基于 OLS 与分位数回归的证据 [J]. 审计与经济研究，2015，30（3）：58-68.

[125] 王健忠. "能说就要说"还是"能不说就不说"——自愿性信息披露与企业创新 [J]. 北京社会科学，2018（1）：40-56.

[126] 王进朝, 张永仙. 高管变更对创新投入的影响——基于内部控制的中介效应分析 [J]. 南京审计大学学报, 2019, 16 (6): 81-90.

[127] 王俊韡. 内部控制缺陷选择性披露的经济后果研究——"掩饰有效"还是"得不偿失"? [J]. 经济问题, 2020 (12): 81-89.

[128] 王少华. 企业金融化适度性、宏观经济政策与创新 [D]. 太原: 山西财经大学, 2019.

[129] 王雄元, 王永. 上市公司信息披露策略的理论基础 [J]. 审计与经济研究, 2006 (2): 84-87.

[130] 王艺霖, 王爱群. 内部控制缺陷披露、内部控制审计与债务资本成本——来自沪市 A 股上市公司的经验证据 [J]. 中国软科学, 2014 (2): 150-160.

[131] 王玉泽, 罗能生, 刘文彬. 什么样的杠杆率有利于企业创新 [J]. 中国工业经济, 2019 (3): 138-155.

[132] 温军, 冯根福. 异质机构、企业性质与自主创新 [J]. 经济研究, 2012, 47 (3): 53-64.

[133] 温忠麟, 侯杰泰, 张雷. 调节效应与中介效应的比较和应用 [J]. 心理学报, 2005 (2): 268-274.

[134] 吴秋生, 郭飞. 内部控制重大缺陷整改信息披露有效性研究——基于成本效益视角 [J]. 会计研究, 2020 (4): 130-142.

[135] 吴先聪, 张健, 胡志颖. 机构投资者特征、终极控制人性质与大股东掏空——基于关联交易视角的研究 [J]. 外国经济与管理, 2016, 38 (6): 3-20.

[136] 吴延兵. R&D 与生产率——基于中国制造业的实证研究 [J]. 经济研究, 2006 (11): 60-71.

[137] 吴战篪, 李晓龙. 内部人抛售、信息环境与股价崩盘 [J]. 会计研究, 2015 (6): 48-55+97.

[138] 肖利平. 公司治理如何影响企业研发投入?——来自中国战略性新兴产业的经验考察 [J]. 产业经济研究, 2016 (1): 60-70.

[139] 谢震, 艾春荣. 分析师关注与公司研发投入: 基于中国创业板公司的分析 [J]. 财经研究, 2014, 40 (2): 108-119.

[140] 熊艳, 李常青, 魏志华. 媒体"轰动效应": 传导机制、经济后果与声誉惩戒——基于"霸王事件"的案例研究 [J]. 管理世界,

2011（10）：125 – 140.

[141] 修浩鑫，张炳发，张金涛．内部控制对研发投资及其异化行为的治理研究［J］．经济体制改革，2018（2）：188 – 193.

[142] 徐辉，周孝华，周兵．环境信息披露对研发投入产出效率的影响研究［J］．当代财经，2020（8）：139 – 149.

[143] 徐静，葛锐，韩慧．自媒体传播渠道对内部控制缺陷披露市场反应的影响研究［J］．审计研究，2018（5）：113 – 120.

[144] 许宁宁．管理层能力与内部控制——来自中国上市公司的经验证据［J］．审计研究，2017（2）：80 – 88.

[145] 许宁宁．管理层认知偏差与内部控制信息披露行为选择——基于存在内部控制重大缺陷上市公司的两阶段分析［J］．审计与经济研究，2019，34（5）：43 – 53.

[146] 许强，王利琴，茅旭栋．CEO—董事会关系如何影响企业研发投入？［J］．外国经济与管理，2019，41（4）：126 – 138.

[147] 许瑜，冯均科，杨菲．媒体关注、内部控制有效性与企业创新绩效［J］．财经论丛，2017（12）：88 – 96.

[148] 薛有志，刘鑫．所有权性质、现金流权与控制权分离和公司风险承担——基于第二层代理问题的视角［J］．山西财经大学学报，2014，36（2）：93 – 103.

[149] 杨程程．企业内部控制缺陷选择性披露的影响因素与披露成本［D］．北京：北京交通大学，2016.

[150] 杨道广，陈汉文，刘启亮．媒体压力与企业创新［J］．经济研究，2017，52（8）：125 – 139.

[151] 杨道广，王佳妮，陈丽蓉．"矫枉过正"抑或"合理管控"？——内部控制在企业创新中的作用［J］．经济管理，2019，41（8）：113 – 129.

[152] 杨德明，林斌，王彦超．内部控制、审计质量与代理成本［J］．财经研究，2009，35（12）：40 – 49 + 60.

[153] 杨海燕，孙健，韦德洪．机构投资者独立性对代理成本的影响［J］．证券市场导报，2012（1）：25 – 30.

[154] 杨清香，俞麟，宋丽．内部控制信息披露与市场反应研究——来自中国沪市上市公司的经验证据［J］．南开管理评论，2012，15

（1）：123 –130.

[155] 杨瑞平. 基于发展战略视角的企业内部控制目标研究 ［J］. 管理现代化, 2010 (6)：24 –25 +46.

[156] 杨雄胜. 内部控制的性质与目标：来自演化经济学的观点 ［J］. 会计研究, 2006 (11)：45 –52.

[157] 杨旭东. 内部控制对企业运营效率的影响研究——基于 A 股上市公司的经验证据 ［J］. 审计研究, 2019 (6)：61 –69.

[158] 杨有红, 李宇立. 内部控制缺陷的识别、认定与报告 ［J］. 会计研究, 2011 (3)：76 –80.

[159] 杨玉凤, 王火欣, 曹琼. 内部控制信息披露质量与代理成本相关性研究——基于沪市 2007 年上市公司的经验数据 ［J］. 审计研究, 2010 (1)：82 –88 +46.

[160] 杨周南, 吴鑫. 内部控制工程学研究 ［J］. 会计研究, 2007 (3)：64 –70 +93.

[161] 叶建芳, 李丹蒙, 章斌颖. 内部控制缺陷及其修正对盈余管理的影响 ［J］. 审计研究, 2012 (6)：50 –59 +70.

[162] 叶康涛, 张然, 徐浩萍. 声誉、制度环境与债务融资——基于中国民营上市公司的证据 ［J］. 金融研究, 2010 (8)：171 –183.

[163] 易颜新, 裘凯莉. “重奖轻罚” 能推动企业创新吗？——基于内部控制与内部治理调节作用的视角 ［J］. 南京审计大学学报, 2020, 17 (5)：40 –50.

[164] 于连超, 张卫国, 毕茜. 盈余信息质量影响企业创新吗？ ［J］. 现代财经（天津财经大学学报）, 2018, 38 (12)：128 –145.

[165] 余海宗, 丁璐, 谢璇, 吴艳玲. 内部控制信息披露、市场评价与盈余信息含量 ［J］. 审计研究, 2013 (5)：87 –95.

[166] 袁东任, 汪炜. 信息披露、现金持有与研发投入 ［J］. 山西财经大学学报, 2015, 37 (1)：81 –91.

[167] 袁东任, 汪炜. 信息披露与企业研发投入 ［J］. 科研管理, 2015, 36 (11)：80 –88.

[168] 张超, 刘星. 内部控制缺陷信息披露与企业投资效率——基于中国上市公司的经验研究 ［J］. 南开管理评论, 2015, 18 (5)：136 –150.

[169] 张纯，吕伟. 信息环境、融资约束与现金股利 [J]. 金融研究，2009（7）：81 –94.

[170] 张洪辉，章琳一，张蕊. 内部控制与关联交易：基于效率促进观和掏空观分析 [J]. 审计研究，2016（5）：89 –97.

[171] 张继勋，刘文欢. 投资倾向、内部控制重大缺陷与投资者的投资判断——基于个体投资者的实验研究 [J]. 管理评论，2014，26（3）：19 –30.

[172] 张杰，芦哲，郑文平，陈志远. 融资约束、融资渠道与企业 R&D 投入 [J]. 世界经济，2012，35（10）：66 –90.

[173] 张娟，黄志忠. 内部控制、技术创新和公司业绩——基于中国制造业上市公司的实证分析 [J]. 经济管理，2016，38（9）：120 –134.

[174] 张敏，朱小平. 中国上市公司内部控制问题与审计定价关系研究——来自中国 A 股上市公司的横截面数据 [J]. 经济管理，2010，32（9）：108 –113.

[175] 张晓红，朱明侠，王皓. 内部控制、制度环境与企业创新 [J]. 中国流通经济，2017，31（5）：87 –95.

[176] 张信东，于静. 企业投资主导要素研究 [J]. 科研管理，2018，39（2）：125 –134.

[177] 张秀敏，杨连星，汪瑾. 企业环境信息披露促进了研发创新吗？[J]. 商业研究，2016（6）：37 –43.

[178] 张瑶，郭雪萌. 内部控制信息披露质量、披露方式与权益资本成本——基于缺陷信息披露的实证证据 [J]. 经济问题，2015（4）：110 –115.

[179] 张瑶，郭雪萌. 上市公司内部控制信息披露质量影响因素研究——基于缺陷信息披露的实证证据 [J]. 经济问题，2014（7）：94 –100.

[180] 张瑶，郭雪萌，肖序. 内部控制缺陷信息披露、动机选择与经济后果 [J]. 经济问题，2016（5）：118 –123.

[181] 张哲，葛顺奇. 环境信息披露具有创新提升效应吗？[J]. 云南财经大学学报，2021，37（2）：69 –82.

[182] 章宁，沈文标. 投资者对负面新闻报道反应：投资者情绪视角的实证研究 [J]. 管理现代化，2016，36（4）：16 –19.

[183] 赵洪江，夏晖．机构投资者持股与上市公司创新行为关系实证研究 [J]．中国软科学，2009（5）：33 - 39 + 54.

[184] 赵息，许宁宁．管理层权力、机会主义动机与内部控制缺陷信息披露 [J]．审计研究，2013（4）：101 - 109.

[185] 赵莹，刘西国，刘晓慧．内部控制影响企业创新投入吗？——基于管理者自利行为视角 [J]．上海商学院学报，2018，19（6）：13 - 18.

[186] 郑毅，徐佳．融资约束、信息披露与 R&D 投资 [J]．经济与管理，2018，32（1）：46 - 53.

[187] 钟凯，吕洁，程小可．内部控制建设与企业创新投资：促进还是抑制？——中国"萨班斯"法案的经济后果 [J]．证券市场导报，2016（9）：30 - 38.

[188] 周春梅．盈余质量对资本配置效率的影响及作用机理 [J]．南开管理评论，2009，12（5）：109 - 117.

[189] 周虹．战略性企业社会责任对财务绩效的影响研究 [D]．太原：山西财经大学，2019.

[190] 周嘉南，袁雨佳．内部控制缺陷披露与修正、市场反应与盈余信息含量 [J]．工业技术经济，2018，37（7）：67 - 78.

[191] 周雪峰，左静静．金融关联与内部控制对企业创新投资的影响：互补抑或替代？[J]．财经论丛，2019（2）：37 - 46.

[192] 周竹梅，郑清兰，孙晓妍．内部控制有效性与研发投入强度相关性研究——基于企业社会责任的中介效应检验 [J]．会计之友，2019（16）：41 - 46.

[193] 朱沛华．负面声誉与企业融资——来自上市公司违规处罚的经验证据 [J]．财贸经济，2020，41（4）：50 - 65.

[194] 朱晓婷，杨世忠．会计信息披露及时性的信息含量分析——基于 2002—2004 年中国上市公司年报数据的实证研究 [J]．会计研究，2006（11）：16 - 23 + 96.

[195] 邹威．政府审计、内部控制与高管腐败 [D]．大连：东北财经大学，2018.

[196] 左锐，马晓娟，李玉洁．企业诚信文化、内部控制与创新效率 [J]．统计与决策，2020，36（9）：154 - 158.

[197] Abadie A, Imbens G W, Drukker D M. et al. Implementing Matching Estimators for Average Treatment Effects in STATA [J]. Stata Journal, 2004, 4 (3): 290 – 311.

[198] Ahmed A S, Mcanally M L, Rasmussen S, et al. How costly is the Sarbanes Oxley Act? Evidence on the effects of the Act on corporate profitability [J]. Journal of Corporate Finance, 2010, 16 (3): 352 – 369.

[199] Akerlof G A. The Market for "Lemons": Quality Uncertainty and the Market Mechanism [J]. Quarterly Journal of Economics, 1970, 84: 488 – 500.

[200] Aleksanyan M. Does the information environment affect the value relevance of financial statement data? [J]. Applied Economics Letters, 2009, 16 (8): 835 – 839.

[201] Alexander C R, Bauguess S W, Bernile G, et al. Economic effects of SOX Section 404 compliance: A corporate insider perspective [J]. Journal of Accounting and Economics, 2013, 56 (2 – 3): 267 – 290.

[202] Ashbaugh-Skaife H, Collins D, Kinney W. The Discovery and Reporting of Internal Control Deficiencies Prior to SOX-Mandated Audits [J]. Journal of Accounting and Economics, 2007, 44 (1): 166 – 192.

[203] Baber W R, Fairfield P M, Haggard J A. The effect of concern about reported income on discretionary spending decisions: The case of research and development [J]. The Accounting Review, 1991, 66 (4): 818 – 829.

[204] Bargeron L L, Lehn K M, Zutter C J. Sarbanes-Oxley and corporate risk-taking [J]. Journal of Accounting and Economics, 2010, 49: 34 – 52.

[205] Barney J B. Firm Resources and Sustained Competitive Advantage [J]. Advances in Strategic Management, 1991, 17 (1): 3 – 10.

[206] Basu S, Krishnan J, Lee J E, et al. Economic Determinants and Consequences of the Proactive Disclosure of Internal Control Weaknesses and Remediation Progress in IPOs [J]. Auditing: A Journal of Practice and Theory, 2018, 11 (37): 1 – 24.

[207] Bauer A M, Henderson D, Lynch D P. Supplier Internal Control Quality and the Duration of Customer-Supplier Relationships [J]. The Account-

ing Review, 2018, 5 (93): 59 – 82.

[208] Bebchuk L A, Bachelder J E, Campos R C, et al. Director Liability [J]. Delaware Journal of Corporate Law, 2006, 31 (3): 1011 – 1045.

[209] Beneish M D, Billings M B, Hodder L D. Internal Control Weaknesses and Information Uncertainty [J]. The Accounting Review, 2008, 83 (3): 665 – 703.

[210] Bertrand M, Mullainathan S. Enjoying the quiet life? Corporate governance and managerial preferences [J]. Journal of Political Economy, 2003, 111 (5): 1043 – 1075.

[211] Blankespoor E, Miller G S, White H D. The Role of Dissemination in Market Liquidity: Evidence from Firms' Use of Twitter [J]. Social Science Electronic Publishing, 2013, 89 (1): 79 – 112.

[212] Botosan C A. Disclosure level and the cost of equity capital [J]. The Accounting Review, 1997, 72 (3): 323 – 349.

[213] Bowen R, Johnson M, Shevlin T, et al. Determinants of the Timing of Quarterly Earnings Announcements [J]. Journal of Accounting, Auditing and Finance, 1992, 7: 395 – 422.

[214] Bushee B J, Core J E, Guay W, et al. The Role of the Business Press as an Information Intermediary [J]. Journal of Accounting Research, 2010, 48 (1): 1 – 19.

[215] Bushman R M, Piotroski J D, Smith A J. What Determines Corporate Transparency? [J]. Journal of Accounting Research, 2004, 42 (2): 207 – 252.

[216] Camerer W C. Reputation and corporate strategy: A review of recent theory and applications [J]. Strategic Management Journal, 1988, 9 (5): 443 – 454.

[217] Caplan D H, Dutta S K, Liu A Z. Are Material Weaknesses in Internal Controls Associated with Poor M&A Decisions? Evidence from Goodwill Impairment [J]. Auding: A Journal of Practice and Theory, 2018, 11 (37): 49 – 74.

[218] Chambers A, Penman S. Timeliness of Reporting and the Stock-Price Reaction to Earnings Announcements [J]. Journal of Accounting Re-

search, 1984, 22: 21 – 47.

[219] Cheng M, Dhaliwal D, Zhang Y. Does investment efficiency improve after the disclosure of material weaknesses in internal control over financial reporting? [J]. Journal of Accounting and Economics, 2013, 56 (1): 1 – 18.

[220] Cheng Q, Goh B W, Kim J B. Internal Control and Operational Efficiency [J]. Contemporary Accounting Research, 2018, 35 (2): 1102 – 1139.

[221] Chen X, Harford J, Li K. Monitoring: Which institutions matter? [J]. Journal of Financial Economics, 2007, 86 (2): 279 – 305.

[222] Christensen B E, Neuman S S, Rice S C. The Loss of Information Associated with Binary Audit Reports: Evidence from Auditors' Internal Control and Going Concern Opinions [J]. Contemporary Accounting Research, 2019, 36 (3): 1461 – 1500.

[223] Coates J C, Srinivasan S. SOX after Ten Years: A Multidisciplinary Review [J]. Accounting Horizaons, 2014, 28 (3): 627 – 671.

[224] Cohen D A, Dey A, Lys T Z. Real and Accrual-Based Earnings Management in the Pre-and Post-Sarbanes-Oxley Periods [J]. The Accounting Review, 2008, 83 (3): 757 – 787.

[225] Committee of Sponsoring Organizations of the Treadway Commission, (COSO). Internal Control-Integrated Framework [R]. The Framework New York, NY: COSO, 2013.

[226] Committee of Sponsoring Organizations of the Treadway Commission, (COSO). Internal Control-Integrated Framework [R]. The Framework New York, NY: COSO, 1992.

[227] Costello A M, Wittenberg-Moerman R. The Impact of Financial Reporting Quality on Debt Contracting: Evidence from Internal Control Weakness Reports [J]. Journal of Accounting Research, 2011, 49 (1): 97 – 136.

[228] Darrough M, Huang R, Zur E. Acquirer Internal Control Weaknesses in the Market for Corporate Control [J]. Contemporary Accounting Research, 2018, 9 (1): 211 – 244.

[229] Delong K W, Mizrahi V, Stegeman G I, et al. Role of color center induced absorption in all-optical switching [J]. Applied Physics Letters,

1990, 56 (15): 1394 - 1396.

[230] Dey A. The chilling effect of Sarbanes-Oxley: A discussion of Sarbanes-Oxley and corporate risk-taking [J]. Journal of Accounting and Economics, 2010, 49 (1): 53 - 57.

[231] Dougherty D, Hardy C. Sustained Product Innovation in Large, Mature Organizations: Overcoming Innovation-to-Organization Problems [J]. Academy of Management Journal, 1996, 39 (5): 1120 - 1153.

[232] Dyck A, Zingales L. Private Benefits of Control: An International Comparison [J]. The Journal of Finance, 2004, 59 (2): 537 - 600.

[233] Eberly J, Rebelo S, Vincent N. What explains the lagged-investment effect? [J]. Journal of Monetary Economics, 2012, 59 (4): 370 - 380.

[234] Engel E, Hayes R M, Wang X. The Sarbanes-Oxley Act and Firms' Going-Private Decisions [J]. Journal of Accounting and Economics, 2007, 44: 116 - 145.

[235] Ettredge M L, Li C, Sun L. The Impact of Internal Control Quality on Audit Delay in the Sox Era [J]. Auditing: A Journal of Practice and Theory, 2006, 25 (2): 1 - 23.

[236] Ettredge M L, Li C, Sun L. The Impact of SOX Section 404 Internal Control Quality Assessment on Audit Delay in the SOX Era [J]. Auditing A Journal of Practice and Theory, 2011, 25 (2): 1 - 23.

[237] Felix R, Wilford A. Does it pay to remediate? An analysis of the internal and external benefits of remediation [J]. Accounting and Business Research, 2019, 49: 1 - 25.

[238] Fernandes N, Ferreira M A. Does international cross-listing improve the information environment [J]. Journal of Financial Economics, 2008, 88 (2): 216 - 244.

[239] Fields T D, Lys T Z, Vincent L. Empirical research on accounting choice [J]. Journal of Accounting and Economics, 2001, 31 (1): 255 - 307.

[240] Gao F, Wu J S, Zimmerman J. Unintended Consequences of Granting Small Firms Exemptions from Securities Regulation: Evidence from the Sarbanes-Oxley Act [J]. Journal of Accounting Research, 2009, 47

(2): 459 –506.

[241] Gao X, Jia Y. Internal Control over Financial Reporting and the Safe-guarding of Corporate Resources: Evidence from the Value of Cash Hold-ings [J]. Contemporary Accounting Research, 2016, 33 (2): 783 – 814.

[242] Gobble M M. Motivating Innovation [J]. Research Technology Manage-ment, 2012, 55 (6): 66 –69.

[243] Goh B W, Dan L. The Disciplining Effect of the Internal Control Provi-sions of the Sarbanes-Oxley Act on the Governance Structures of Firms [J]. International Journal of Accounting, 2013, 48 (2): 248 –278.

[244] Gong G, Ke B, Yu Y. Do Cross-listed Firms Provide the Same Quality Disclosure as U. S. Firms? Evidence from the Internal Control Deficiency Disclosure under Section 302 of the Sarbanes-Oxley Act [J]. Working Paper, 2007.

[245] Gordon L A, Wilford A L. An Analysis of Multiple Consecutive Years of Material Weaknesses in Internal Control [J]. The Accounting Review, 2012, 87 (6): 2027 –2060.

[246] Graham J R, Harvey C R, Rajgopal S. The economic implications of corporate financial reporting [J]. Journal of Accounting and Econom-ics, 2005, 40 (1 –3): 3 –73.

[247] Greenwald B, Stiglitz J, Weiss A. Information Imperfection in the Capital Market and Macro-Economic Fluctuation [J]. American Economic Re-view, 1984 (74): 194 –199.

[248] Hall B. The Financing of Research and Development [J]. Oxford Re-view of Economic Policy, 2002, 18 (1): 35 –51.

[249] Hammersley J S, Myers L A, Shakespeare C. Market reactions to the dis-closure of internal control weaknesses and to the characteristics of those weaknesses under section 302 of the Sarbanes Oxley Act of 2002 [J]. Review of Accounting Studies, 2008, 13 (1): 141 –165.

[250] Harp N L, Barnes B G. Internal Control Weaknesses and Acquisition Per-formance [J]. The Accounting Review, 2018, 1 (93): 235 –258.

[251] Haw I M, Qi D, Wu W. Timeliness of Annual Report Releases and Mar-

ket Reaction to Earnings Announcements in an Emerging Capital Market: The Case of China [J]. Journal of International Financial Management and Accounting, 2000, 11 (2): 108 – 131.

[252] Healy P M, Palepu K G. Information asymmetry, corporate disclosure, and the capital markets: A review of the empirical disclosure literature [J]. Social Science Electronic Publishing, 2001, 31 (1 – 3): 405 – 440.

[253] He L, Sarath B, Wans N. Material Weakness Disclosures and Restatement Announcements: The Joint and Order Effects [J]. Journal of Business Finance and Accounting, 2019, 46 (1 – 2): 68 – 104.

[254] Henard D H, Dacin R A. Reputation for Product Innovation: Its Impact on Consumers [J]. Journal of Product Innovation Management, 2010, 27 (3): 321 – 335.

[255] Hermalin B E, Weisbach M S. Information Disclosure and Corporate Governance [J]. The Journal of Finance, 2012, 67 (1): 195 – 234.

[256] Hermanson D R, Ye Z S. Why Do Some Accelerated Filers with SOX Section 404 Material Weaknesses Provide Early Warning under Section 302? [J]. Auditing, 2009, 28 (2): 247 – 271.

[257] Hochberg Y V, Sapienza P. A Lobbying Approach to Evaluating the Sarbanes-Oxley Act of 2002 [J]. Journal of Accounting Research, 2009, 47 (2): 519 – 583.

[258] Hogan C E, Wilkins M S. Evidence on the Audit Risk Model: Do Auditors Increase Audit Fees in the Presence of Internal Control Deficiencies? [J]. Contemporary Accounting Research, 2008, 25 (1): 219 – 242.

[259] Hoitash R, Hoitash U, Johnstone K M. Internal Control Material Weaknesses and CFO Compensation [J]. Contemporary Accounting Research, 2012, 29 (3): 768 – 803.

[260] Huang AH, Zang A Y, Zheng R. Evidence on the Information Content of Text in Analyst Reports [J]. The Accounting Review, 2014, 89 (6): 2151 – 2180.

[261] Iliev P. The Effect of SOX Section 404: Costs, Earnings Quality, and Stock Prices [J]. The Journal of Finance, 2010, 65 (3): 1163 –

1196.

[262] Inoue E. Environmental disclosure and innovation activity: Evidence from EU corporations [J]. Discussion papers, 2016, 12: 1 – 40.

[263] Jeffrey L F, Michael E P, Scott S. The determinants of national innovative capacity [J]. Research Policy, 2002, 31 (6): 899 – 933.

[264] Jensen M C, Meckling W H. Theory of the firm: Managerial behavior, agency costs, and ownership structure [J]. Journal of Financial Economics, 1976, 3: 305 – 360.

[265] Jensen M C. The Modern Industrial Revolution, Exit, and The Failure of Internal Control Systems [J]. Journal of Applied Corporate Finance, 1994, 6 (3): 831 – 880.

[266] Jie Jack He, Xuan Tian. The dark side of analyst coverage: The case of innovation [J]. Journal of financial economics, 2013, 109 (3): 856 – 878.

[267] Johnstone K, Li C, Rupley K H. Changes in Corporate Governance Associated with the Revelation of Internal Control Material Weaknesses and Their Subsequent Remediation [J]. Contemporary Accounting Research, 2011, 28 (1): 331 – 383.

[268] Kaplan R S, Norton D P. The Balanced Scorecard: Translating Strategy into Action [M]. Harvard Business Press, 1996.

[269] Kelly P J. Information Efficiency and Firm-Specific Return Variation [J]. Quarterly Journal of Finance, 2014, 4 (4): 145 – 198.

[270] Keune M B, Keune T M. Do Managers Make Voluntary Accounting Changes in Response to a Material Weakness in Internal Control? [J]. Auditing: A Journal of Practice and Theory, 2018, 5 (37): 107 – 137.

[271] Kim J B, Song B Y, Zhang L. Internal Control Weakness and Bank Loan Contracting: Evidence from SOX Section 404 Disclosures [J]. The Accounting Review, 2011, 86 (4): 1157 – 1188.

[272] Kinney W R, Shepardson M L. Do Control Effectiveness Disclosures Require SOX 404 (b) Internal Control Audits? A Natural Experiment with Small U. S. Public Companies [J]. Social Science Electronic Publishing, 2011, 49 (2): 413 – 448.

[273] Klamm B, Kobelsky K W, Watson M W. Determinants of the Persistence of Internal Control Weakness [J]. Accounting Horizons, 2012, 26 (2): 307 – 333.

[274] Kochhar R, David P. Institutional investors and firm innovation: A test of competing hypotheses [J]. Strategic Management Journal, 1996, 17 (1): 73 – 84.

[275] Lakonishok J, Shleifer A, Vishny R W. The impact of institutional trading on stock prices [J]. Scholarly Articles, 1992, 32 (1): 23 – 43.

[276] Lambert R, Leuz C, Verrecchia R E. Accounting Information, Disclosure, and the Cost of Capital Doc [J]. Journal of Accounting Research, 2007, 45 (2): 385 – 420.

[277] Lamont O, Polk C, Saaá-Requejo J. Financial Constraints and Stock Returns [J]. Review of Financial Studies, 2001, 14 (2): 529 – 554.

[278] Lang M H, Lins K V, Miller D P. ADRs, Analysts, and Accuracy: Does Cross Listing in the United States Improve a Firm's Information Environment and Increase Market Value? [J]. Journal of Accounting Research, 2003, 41 (2): 317 – 345.

[279] Li C, Sun L, Ettredge M. Financial executive qualifications, financial executive turnover, and adverse SOX 404 opinions [J]. Journal of Accounting and Economics, 2010, 50 (1): 93 – 110.

[280] Linck J S, Netter J M, Yang T. The Effects and Unintended Consequences of the Sarbanes-Oxley Act on the Supply and Demand for Directors [J]. Review of Financial Studies, 2009, 22 (8): 3287 – 3328.

[281] Li P, Shu W, Tang Q, Zhang Y. Internal control and corporate innovation: Evidence from China [J]. Asia-Pacific Journal of Accounting and Economics, 2017 (3): 1 – 21.

[282] Li W, Han Y, He J. How Does the Heterogeneity of Internal Control Weakness Affect R&D Investment? [J]. Emerging Markets Finance and Trade, 2019, 55 (2): 1 – 24.

[283] Li Y, Yu J, Zhang Z, et al. The effect of internal control weakness on

firm valuation: Evidence from SOX Section 404 disclosures [J]. Finance Research Letters, 2016, 17: 17 – 24.

[284] Michaely R, Womack K L. Conflict of Interest and the Credibility of Underwriter Analyst Recommendations [J]. Review of Financial Studies, 1999, 12 (4): 653 – 686.

[285] Mintzberg H, McHugh A. Strategy Formation in an Adhocracy [J]. Administrative Science Quarterly, 1985, 30 (2): 160 – 197.

[286] Munsif V, RaghunandanK, Rama D V. Internal control reporting and audit report Lags: Further evidence [J]. Auditing: A Journal of Practice and Theory, 2012, 31 (3) : 203 – 218.

[287] Murmann J P. Knowledge and competitive advantage: The coevolution of firms, technology and national systems [J]. Administrative Science Quarterly, 2004, 49 (288): 666 – 668.

[288] Myers S C, Majluf N S. Corporate Financing and Investment Decisions When Firms Have Information that Investors Do Not Have [J]. Journal of Financial Economics, 1984, 13 (2): 187 – 221.

[289] Myllymaki E R. The Persistence in the Association Between Section 404 Material Weaknesses and Financial Reporting Quality [J]. Auaditing : A Journal of Practice and Theory, 2014, 2 (1): 93 – 116.

[290] Ogneva M, Subramanyam K R, Raghunandan K. Internal Control Weakness and Cost of Equity: Evidence from SOX Section 404 Disclosures [J]. The Accounting Review, 2007, 82 (5): 1255 – 1297.

[291] Palmon D, Givoly D. Timeliness of Annual Earnings Announcements: Some Empirical Evidence [J]. The Accounting Review, 1982, 57 (3): 486 – 508.

[292] Plumlee M, Yohn T L. An Analysis of the Underlying Causes Attributed to Restatements [J]. Social Science Electronic Publishing, 2008, 24 (1): 449 – 460.

[293] Porta R L, Lopez-de-Silanes F, Shleifer A, et al. Investor protection and corporate governance [J]. Journal of Financial Economics, 2000, 58 (1): 3 – 27.

[294] Porter M E. Competitive Strategy [M]. New York: Free Press, 1980.

［295］ Pound J. Proxy contests and the efficiency of shareholder oversight ［J］. Journal of Financial Economics, 1988, 20: 237 – 265.

［296］ RaghunandanK, Rama D V. SOX Section 404 Material Weakness Disclosures and Audit Fees ［J］. Auditing: A Journal of Practice and Theory, 2006, 25 (1): 99 – 114.

［297］ Ribstein L E. Market vs. Regulatory Responses to Corporate Fraud: A Critique of the Sarbanes-Oxley Act of 2002 ［J］. Journal of Corporation Law, 2002, 28 (1): 1 – 16.

［298］ Rice S C, Weber D P, Wu B. Does SOX 404 Have Teeth? Consequences of the Failure to Report Existing Internal Control Weaknesses ［J］. The Accounting Review, 2015, 90 (3): 1169 – 1200.

［299］ Rose J M, Norman C S, Rose A M. Perceptions of Investment Risk Associated with Material Control Weakness Pervasiveness and Disclosure Detail ［J］. The Accounting Review, 2010, 85 (5): 1787 – 1807.

［300］ Sami H, Zhou H. Do auditing standards improve the accounting disclosure and information environment of public companies? Evidence from the emerging markets in China-ScienceDirect ［J］. The International Journal of Accounting, 2008, 43 (2): 139 – 169.

［301］ Simons R. Control in an age of empowerment ［J］. Harvard Management Review, 1995, 73 (2): 80 – 86.

［302］ Skinner D J. Why Firms Voluntarily Disclose Bad News ［J］. Journal of Accounting Research, 1994, 32 (1): 38 – 60.

［303］ Slovic P. Perception of Risk ［J］. Science, 1987, 236 (4799): 280 – 285.

［304］ Solow R M. Technical Change and the Aggregate Production Function ［J］. The Review of Economics and Statistics, 1957, 39 (3): 312 – 320.

［305］ Spence A M. Market Signaling ［M］. Cambridge, Mass: Harvard University Press, 1974.

［306］ Stiebale J. Cross-border M&As and innovative activity of acquiring and target firms ［J］. Journal of International Economics, 2016 (99): 1 – 15.

［307］ Sudipto B, Sergei G. Patents vs trade secrets: Knowledge licensing and spillover [J]. Journal of the European Economic Association, 2006 (6): 1112 – 1147.

[308] Su L N, Zhao X R, Zhou G S. Do customers respond to the disclosure of internal control weakness? [J]. Journal of Business Research, 2014, 67 (7): 1508 – 1518.

[309] Verona G. A Resource-Based View of Product Development [J]. Academy of Management Review, 1999, 24 (1): 132 – 142.

[310] Wernerfelt B. A resource-based view of the firm [J]. Strategic Management Journal, 1984, 5 (2): 171 – 180.

[311] Winchel J. Investor Reaction to the Ambiguity and Mix of Positive and Negative Argumentation in Favorable Analyst Reports [J]. Contemporary Accounting Research, 2015, 32 (3): 973 – 999.

[312] World Intellectual Property Organization. The Global Innovation I ndex 2016: Winning with Global Innovation [EB/OL]. https://www. wipo. int/edocs/pubdocs/en/wipo_pub_gii_2016. pdf, 2020 – 12 – 12.

[313] Wu Y J, Tuttle B. The Interactive Effects of Internal Control Audits and Manager Legal Liability on Managers' Internal Controls Decisions, Investor Confidence, and Market Prices [J]. Contemporary Accounting Research, 2014, 31 (2): 444 – 468.

[314] Xiang X, Liu C, Yang M, et al. Confession or justification: The effects of environmental disclosure on corporate green innovation in China [J]. Corporate Social Responsibility and Environmental Management, 2020, 27 (6): 2735 – 2750.

[315] Ye Z, Hermanson D R, Krishnan J. Shareholder Voting in Director Elections and Initial SOX Section 404 Reports [J]. Journal of Accounting, Auditing and Finance, 2013, 28 (2): 103 – 127.

[316] Yu F. Analyst coverage and earnings management [J]. Journal of Financial Economics, 2008, 88 (2): 245 – 271.

[317] Zhang I X. Economic consequences of the Sarbanes-Oxley Act of 2002 [J]. Journal of Accounting and Economics, 2007, 44 (1 – 2): 74 – 115.

后　记

  本书是在我的博士学位论文基础上修改完善而成的，在其出版之际，不由得想起曾经艰难而美好的求学经历，在职读博之路的艰难不止于论文选题与投稿中的迷茫和焦虑，还在于难以平衡学习、工作和家庭中的挣扎，其美好蕴藏在老师、家人、朋友感动我的每一个瞬间，深藏在对自己更客观的认知和更成熟的心态之中。这些经历丰富了我人生的"资产负债表"，面对值得铭记一生的无价"资产"和无法偿还的感恩"负债"，这里由衷地说一声感谢！

  本书能够顺利完成，要感谢我的博士生导师吴秋生教授。犹记得2013年7月入职山西财经大学会计学院第一次见到吴老师，作为院长的他询问了我的硕士毕业论文情况，并在不久后抽出时间将我们几位年轻教师请到办公室谈话，为我们的职业发展指明前进方向，也正是这次谈话让我有勇气向吴老师发出了想要"拜师学艺"的第一封邮件。从那以后，吴老师时常关心并鼓励我认真复习，并指导我做小论文，终于在2016年末，我发表了工作后的第一篇北大核心期刊论文，达到了报考本校博士的条件，并于2017年5月通过博士生入学考试，如愿成为了吴老师的弟子。在漫长的备考过程中，吴老师在无形中给予我无限动力，每逢周末到学校复习，常能看到吴老师指导学生、辛勤工作的身影，这也让我更加坚定了跟吴老师学习的决心，并给予我排除万难努力备考的动力，因此，要感谢吴老师不嫌我年龄大、在职，收我到门下，让我有机会提升自己。正式开启博士求学之路后，我发现自己在科学研究能力方面远远落后于同门的硕博师兄弟姐妹们，学业上的不顺、工作中的压力和初为人母的无助交织在一起，博一到博二感到力不从心，甚至想要放弃，是吴老师安慰我、鼓励我、指导我，并让同学、同事们帮助我，让我终于在博三找到了研究的新方向并坚持至今，因此，要感谢吴老师不嫌弃我基础差、底子薄，一直悉心教导，甚至在我自暴自弃时依然拉我一把，更要感谢吴老师理解我慌乱急躁中的没深没浅，教会我做人、做事、做学问的深刻道理。

本书能够顺利完成，要感谢我的师母杨瑞平教授。感谢师母任劳任怨地为吴老师看管好"大后方"，让吴老师有更多时间和精力指导我们。感谢师母在传统佳节到来时，邀请我们去家里做客，冬日里暖胃的羊汤，夏日里清凉的瓜果，不仅仅是味蕾上的享受，更是精神上的放松，也让我们更加感受到师门的团结与力量。在与师母交流的过程中，师母乐观、积极的人生态度深深地感染着我，不论是介绍校外兼职机会、缓解我的经济压力，还是解忧家庭琐事、赋予我斩掉"乱麻"的智慧，都让我能够更安心地学习和工作、更坦然地面对生活。

本书能够顺利完成，要感谢同门杨鹏博士、上官泽明博士、黄贤环博士、王少华博士、田峰博士、郭檬楠博士、王婉婷博士、独正元博士、李官辉博士和郭飞博士。尤其特别感谢师兄黄贤环在我考博复习过程中分享备考经验及资料、在我初学实证分析方法时的耐心引导、在论文写作和本书修改完善过程中的细心指正；特别感谢与我同一年入学、早我一年毕业的年轻才俊郭檬楠在研究设计与方法上的无私帮助，他在完成自己科研工作的同时，还不惜牺牲宝贵的时间帮助我渡过学习中一个又一个难关；特别感谢与我一起毕业的师妹王婉婷，感谢她在庚子末辛丑初的多个深夜和我一起并肩作战，讨论学位论文的撰写，缓解我的紧张情绪；特别感谢师弟郭飞不吝与我分享内部控制方面的研究感悟，帮助我提高学习效率。

本书能够顺利完成，要感谢山西财经大学及会计学院的老师、同窗好友、领导和同事们。虽然因孩子身体原因不得不从山西财经大学离职，但在这里八年的工作和生活经历让我终生受益。感谢山西财经大学曾给我提供了工作和继续深造的机会，让我有幸结识这么多优秀、可爱的老师和同学。感谢郭泽光教授、李端生教授、田祥宇教授和袁春生教授在求学期间的指导，助益我巩固理论基础、拓宽学术视野。感谢李颖老师、王晓亮老师、贺亚楠老师、郝盼盼老师、王晓燕老师、董屹宇老师、王文慧老师、王汉瑛老师以及山西大学邢红卫老师、广东海洋大学周虹老师跟我分享求学经历，以及在论文选题、研究设计等方面的指导和建议，让我每每要半途而废时，感受到榜样的力量和继续前行的动力。感谢同窗好友宋璐博士、任灿灿博士带我共建学习小组相互督促，感谢宋坤博士的激励与鼓舞，感谢他们陪我成长。感谢一起工作过的辅导员老师们，感谢他们在我初来山西时给予的温暖，特别感谢邱月老师跟我分享工作经验及为帮助我博士研究生顺利毕业所付出的时间和精力，以及李进方老师及其所带本科生康颖同学、王良辰同学、任心怡同学和汪子涵同学帮助我手工搜集媒体关注数据。感谢会计学院田岗院长、郭宗文院长和教研室李勇主任在我毕业论文撰写过程中减少我的工作安排，以利于我全身心投入学习；感谢胡晓琴老师、弓志玲老师、梁雪老师和马强老师在工作中的帮助，为我"节省"宝贵的学习时间。

本书能够顺利完成，要感谢博士学位论文预答辩及外审中的各位匿名评审专家提出的宝贵意见与建议，感谢百忙中参加我博士学位论文答辩的校外专家孙宝厚研究员、程新生教授和郑国洪教授在答辩过程中提出的建设性修改意见。

本书能够顺利完成，要感谢我的亲人和朋友们。感谢父母为照顾我年幼的孩子所付出的一切，甚至为让我安心学习连母亲生病手术都未曾告知；感谢年过七旬的大姑不辞辛苦帮我照看孩子，以及姑父和表哥表嫂的理解与支持；感谢皮皮小朋友电话里嘱咐我"妈妈，好好学习"，为我增添的无尽动力；感谢爱人在工作之余尽可能多做家务，为我节省时间。感谢一路走来陪我哭、陪我笑的柳雅君，作为博士求学路上的好战友，牺牲自己的时间帮我找数据、带我开展实证研究；作为曾共同工作的好同事，在我难以平衡工作和家庭时主动替我分担、为我排忧；作为生活中的好闺密，在我满腹牢骚、无人倾诉时甘当"树洞"，在我万分沮丧、不知所措时请我吃吃喝喝、逗我一笑解千愁。感谢陪伴我十五年的老友牛仕良，在我博士求学期间依然在远方关心我，时常给我加油打气、助威呐喊，在百忙中帮我润色英文摘要，校对文稿。

本书能够顺利完成，要感谢自己在这一段人生旅途中的思考和感悟、坚持与努力，让人生的"资产负债表"上多了些"所有者权益"，为自己更加从容地继续前行增添力量。

此外，还要深深地感谢河南科技大学给予的资助，以及经济科学出版社编辑老师们在本书出版过程中所给予的帮助和辛苦付出！

最后，囿于个人能力、研究时间方面的不足，本书在编写工作中可能存在一些疏漏，甚至错误之处，欢迎也希望各位同行专家、读者批评指正！

河南科技大学商学院　倪静洁

2023 年 6 月